A LAS PUERTAS
DEL CIELO

WILLIAM J. PETERS

con Michael Kinsella, PhD

A LAS

PUERTAS

DEL CIELO

LO QUE LAS "EXPERIENCIAS DE MUERTE COMPARTIDAS"
NOS ENSEÑAN SOBRE MORIR BIEN
Y VIVIR MEJOR

Traducción de Tamara Arteaga Pérez y Yuliss M. Priego

KEPLER

Argentina – Chile – Colombia – España
Estados Unidos – México – Perú – Uruguay

Título original: *At Heaven's Door*
Editor original: Simon & Schuster
Traducción: Tamara Arteaga Pérez y Yuliss M. Priego

1.ª edición: octubre 2025

Copyright © 2022 by The Shared Crossing Project, LLC
All Rights Reserved
Esta novela se publica en virtud de un acuerdo con el editor original, Simon & Schuster LLC.
© de la traducción 2025 *by* Tamara Arteaga Pérez y Yuliss M. Priego
© 2025 *by* Urano World Spain, S.A.U.
López de Hoyos, 92, Planta Baja Derecha – 28002 Madrid
www.edicioneskepler.com

ISBN: 978-84-19656-13-1
E-ISBN: 979-13-87750-12-1
Depósito legal: M-17.133-2025

Fotocomposición: Urano World Spain, S.A.U.

Impreso por: Rodesa, S.A. – Polígono Industrial San Miguel – Parcelas E7-E8
31132 Villatuerta (Navarra)

Impreso en España – *Printed in Spain*

*A mi madre, Carolyn Peters, por su incesante apoyo
durante los muchos altibajos de mi vida.
Demostró una tranquilidad inusual con respecto a la muerte
y el compromiso a estar cuando otros se mantuvieron alejados.*

*A mi padre, Robert Peters, por su ejemplo de disciplina y coraje.
Su espíritu emprendedor me dio fuerzas para creer en mí mismo
y perseguir lo que más importa.*

ÍNDICE

1

¿QUÉ TE TRAE POR AQUÍ?

¿Qué te trae por aquí?

Le pregunto eso a todos los que entran por mi puerta para hablar de la muerte: nuestra experiencia más universal y también la más difícil de la que hablar.

En la cultura moderna mantenemos una relación compleja con la muerte. Nuestro lenguaje está lleno de expresiones como «tener miedo a la muerte o a morir». Los partidarios de las rutinas saludables, el cuidado personal, los trucos de belleza y los tratamientos estéticos nos venden su capacidad para ayudarnos a «retrasar el reloj», cuyo significado implícito es el de poder posponer el final inevitable de la vida. La ciencia de la medicina moderna es incluso más explícita: a menudo la medicina convierte nuestros mejores esfuerzos por vencer a la muerte en la razón principal por la que sentir esperanza. Los procedimientos médicos agresivos que prolongan la vida humana se consideran habitualmente un testamento de nuestro amor por la otra persona; hablamos de «curas milagrosas» y de «probabilidad de una entre un millón». Muchos, incluida una gran parte del cuerpo médico, nos sentimos culpables al pensar en que alguien pueda morir. La frase más común para ofrecer nuestras condolencias cuando alguien ha fallecido es «mi más sincero pésame».

Y no me malinterpretes, es una pérdida profunda. Abandonar la vida, abandonar a tus seres queridos y amigos, es triste y aterrador. Por mucho que creamos en la vida después de la muerte —y bastantes encuestas sugieren que la gran mayoría, alrededor del 80 por ciento, lo cree—, sentir una gran aprensión es totalmente comprensible. Aún peor, es la muerte quien nos elige, y en muchos casos sin avisar. Durante el último par de años la muerte ha estado por todas partes. Las pérdidas devastadoras causadas por la pandemia del COVID-19 han dejado una profunda pena en muchos de nosotros, incluidos aquellos que creían tener todavía mucho tiempo para vivir con sus seres queridos.

Sin embargo, a pesar de que nos cueste asimilar la muerte, casi todos lo pasamos peor durante el duelo. Durante años y de forma cultural, ha sido normal para muchos de nosotros, incluidos los profesionales de la medicina, fijar un reloj o una fecha para el duelo. Después de que haya pasado cierto tiempo, animamos a los dolientes a seguir con sus vidas o, algo menos cortés, sugerimos que ya es hora de que lo superen y pasen página.

Esas respuestas son insatisfactorias para los que acuden a mí. Y para mí, también. Me gustaría sugerir humildemente que ya es hora de replantearnos nuestro enfoque hacia la muerte. Para hacerlo, voy a pedirte que ignores todo lo que sepas o creas saber sobre el final de la vida.

Durante más de veinte años he charlado con gente sobre la muerte y el fin de la vida, desde bebés a jóvenes adultos en la flor de la vida y padres mayores. Hay muertes naturales, traumáticas —accidentes, sobredosis, suicidios—, por enfermedad y por edad avanzada. Aun así, todas las conversaciones tienen un tema en común: una conexión que sintió la persona viva con la que estaba falleciendo alrededor o en el mismo momento de la muerte. Todas son personas sanas y enérgicas que continúan viviendo con normalidad. Pero, por un instante, estuvieron ligados a otro ser humano durante ese último viaje.

Empecé a identificar esos momentos como «experiencias de muerte compartidas», y lo que nos dicen es que ninguno de nosotros abandona este mundo solo. Todos podemos guiar y ser guiados en nuestro viaje. ¿Por qué estoy seguro de eso? Porque cada vez más y más gente lo ha visto, sentido, y unos pocos incluso han acompañado a sus seres queridos durante una parte de su viaje al más allá.

Estas experiencias de muerte compartidas toman muchas formas distintas: algunos visualizan a la persona moribunda de alguna manera y a menudo otros experimentan una variedad de sensaciones o perciben la presencia de otras energías o incluso de otros seres queridos fallecidos. Pueden ver una luz brillante o un túnel, sentirse parte de un viaje o permanecer anclados a la tierra. Lo que todos tienen en común es el poder de la experiencia, la extraña claridad con la que recuerdan ese suceso y en bastantes ocasiones la sensación abrumadora de que el tiempo se ha detenido. Muchos también mencionan una profunda sensación de «saber», desconociendo de dónde procede todo ese conocimiento. En bastantes casos la persona viva no tenía ni idea de que la muerte era inminente y no se enteró del fallecimiento de su ser querido o su amigo hasta más adelante.

Cuanto más he hablado con personas que han experimentado un suceso de muerte compartida, más me he fijado en los patrones que se repiten. Una mujer de Virginia Occidental con otra de Australia con experiencias muy similares por la pérdida de un bebé. Una hija adulta en California y otra en Pensilvania; una mujer en Alabama y un hombre en España. Ninguno se conocía, pero hablaban una lengua común. Además, he averiguado que ese momento de conexión que compartieron también les cambió la vida, y muchos decidieron vivirla de formas inesperadas. Les ofreció claridad. Un cierre. Les facilitó las decisiones relacionadas con la muerte y también mitigó su pena.

Sopesa esta historia de Gail O., una mujer de Florida:

«Estaba con mi padre comiendo sándwiches de queso fundido; él decía que el hospital tenía los mejores». De pronto, su padre empezó a sufrir convulsiones. Gail pidió ayuda, y mientras los médicos llegaban, una enfermera la acompañó a una pequeña habitación al fondo de un pasillo. Dentro había un escritorio y un par de sillas. Gail recuerda sentarse y «entonces, de pronto, me vi en dos lugares a la vez. Estaba sentada en aquella salita de espera del hospital, pero también estaba fuera. Hacía un día precioso. ¡Había brisa, un camino de tierra e incluso los pájaros cantaban! No vi a nadie, pero sabía que no estaba sola; tenía la sensación de estar de viaje, acompañando a alguien a algún lado. Y no importaba el destino, porque hacía un día precioso». Gail giró en una curva y «nos topamos con un portón inmenso. Detrás se veía una mansión gigantesca. Daba la impresión de que ese lugar era una especie de club de campo o un punto de encuentro especial. Entonces oí voces que decían: "¡Venga! ¡Rápido! ¡Hay que darse prisa! ¡Walter ya casi está aquí!". Mi padre se llamaba Walter».

Sus amigos y compañeros de trabajo lo llamaban Wally, pero sus padres, tías y tíos fallecidos siempre lo habían llamado Walter. Gail contempló la mansión y «ahí estaban, corriendo de un lado para otro, preparándose para algo importante. La gente traía flores y preparaba mesas y manteles». Incluso pudo oír el tintineo de una vajilla de porcelana. «Fue una experiencia increíble en la que sentí que una especie de invitado de honor venía de camino».

Gail recordó: «Sentí que una presencia cruzaba el portón... ¡Y era mi padre! Quise ir con él, pero sabía que no era posible. Miré a mi alrededor y, de pronto, ahí estaba, de vuelta en aquella pequeña sala de espera». Había permanecido completamente despierta y consciente, presente tanto allí como en su viaje.

«Justo después entró un médico con expresión muy triste y me dijo: "Lo siento, se ha ido". Y yo le respondí: "No pasa nada. ¡Ha ido a la fiesta!". Y ahí fue cuando lo entendí. El médico me miró de forma extraña y se fue, pero yo sabía lo que había ocurrido. Había acompañado a mi padre durante parte de su camino al cielo».

La experiencia de Gail no es única y tiene un nombre. Las llamamos «experiencias de muerte compartidas», un término popularizado por el doctor Raymond Moody en su libro *Destellos de eternidad* (2011). Determinamos que una EMC sucede cuando una persona fallece y un ser querido, familiar, amigo, cuidador o testigo afirma haber compartido parte del viaje transitorio entre la vida y la muerte o haber atisbado las primeras etapas del más allá con la persona falleciendo.

Pero estas experiencias no son nuevas. Durante miles de años, las personas que han pasado por una experiencia cercana a la muerte (ECM) han afirmado haber tenido una gran variedad de visiones muy vívidas, haber visto una luz brillante o a seres queridos que habían fallecido anteriormente. Estudios realizados desde la década de los sesenta sugieren que estas experiencias relacionadas con la muerte suceden en más del cincuenta por ciento de los fallecidos. La ciencia médica ha tratado de explicar este fenómeno especulando que se debe a los múltiples fallos cerebrales sufridos, ya sea por falta de oxígeno, por interrupción del flujo sanguíneo, por los receptores de serotonina o por la activación de la respuesta primitiva de lucha o huida.

Pero las EMC son muy diferentes. Les ocurren a individuos que físicamente no están al borde de la muerte. Y aunque algunas, como la de Gail con su padre, ocurren en un momento de crisis médica o cuando la persona viva está en la misma habitación que la moribunda, muchas otras experiencias ocurren cuando el que las vive se encuentra lejos y a menudo no sabe que la muerte es inminente o que su ser querido o amigo ha fallecido. De hecho, estas EMC parecen ser más comunes que aquellas en las que la persona viva y la que está en el lecho de muerte se encuentran juntas. La ciencia, tal y como la entendemos, aún no puede justificar ni explicar fisiológicamente cómo suceden las EMC.

Entonces, ¿qué puede hacerlo?

Este libro se centra en esa pregunta. Como director del Sharing Crossing Project, he tenido el privilegio de revisar y estudiar más de ochocientos casos de EMC. Nuestra investigación sugiere que al otro lado del umbral de la muerte nos aguarda una vida mejor. Pero no te sientas obligado a tomarme la palabra. En estas páginas, encontrarás las extraordinarias historias de personas que han compartido el viaje hacia la muerte junto con otro ser humano. Exploraré qué significan estas experiencias transformadoras para el final de la vida, para la preocupación, y para el duelo y la sanación. En el proceso espero cambiar algunas de las formas en las que concibes y entiendes la muerte. Incluso podrás comprender si tú o alguien a quien conoces habéis vivido una experiencia de muerte compartida, aunque os faltaban las palabras para identificar o describir lo que estaba sucediendo.

Aunque, sobre todo, espero que este libro pueda guiarnos a todos a prepararnos para una buena muerte en cualquier etapa de la vida.

Desde el comienzo de las civilizaciones humanas, la muerte ha sido una parte integral de la vida. Mucho de lo que conocemos de las antiguas civilizaciones proviene de las cuidadosas excavaciones a sus tumbas o lugares de reposo. Sabemos lo que comían, cómo almacenaban el vino y los alimentos, lo que construían sus artesanos, sus mitos, su vestimenta y hasta las armas que usaban para librar sus guerras.

Desde el reino de Ur hasta el antiguo Egipto, la dinastía China y Mesoamérica, la muerte implicaba rituales elaborados y temáticas comunes. Todas las civilizaciones creían en alguna forma de vida más allá de la muerte; solían llenar las tumbas con toda clase de objetos que acompañarían al fallecido al siguiente mundo. En algunos casos, los familiares y sirvientes de los más adinerados, incluso perros, eran sacrificados para que pudieran viajar con los difuntos al más allá.

«Acompañar» es una palabra significativa, porque todas estas civilizaciones, separadas por vastos océanos, desiertos inhóspitos o enormes cadenas montañosas, claramente concebían la transición de la vida a la muerte como un viaje. Los antiguos mesopotámicos, que vivieron en lo que hoy día se considera Iraq, contaban la historia de cómo la diosa Ishtar tuvo que cruzar siete puertas hasta llegar al inframundo; los ritos funerarios para su clase alta podían llegar a durar hasta siete días. Los antiguos griegos contaban con un concepto elaborado del río Estigio, donde el barquero Caronte aguardaba para transportar las almas de los difuntos al inframundo. Los egipcios también creían que sus difuntos viajaban en barco y cruzaban siete puertas hasta llegar a la sala de Osiris, donde serían juzgados por los dioses. En Mesoamérica, muchas sociedades creían en la naturaleza cíclica de la vida y la muerte; una de las primeras máscaras funerarias conocidas muestra el rostro dividido en dos mitades: una viva y la otra esquelética. A menudo se hallan restos de perros en sus tumbas, pues se esperaba que acompañaran a los humanos en su viaje hacia el más allá.

Igual de significativo es el número de sociedades que identifica la existencia de un alma o esencia separada del cuerpo físico. Esta creencia se volvió una doctrina central en muchas de las mayores religiones del mundo, incluido el judaísmo, el cristianismo y el islam, mientras que el budismo acogió el concepto del renacimiento recurrente. Esta última tiene sus propios libros de los muertos. Tal vez el más famoso entre ellos, el *Libro tibetano de los muertos*, es el que los monjes y otras personas leen a menudo a aquellos que se enfrentan a la muerte para ayudarlos a encontrar el camino a través de los distintos «bardos» hasta por fin abandonar esta vida.

Todas las tradiciones religiosas occidentales, el cristianismo, el judaísmo y el islam tienen su propio concepto del más allá. El islam ofrece una representación detallada del paraíso, con reuniones felices con amigos y seres queridos en los palacios que Dios ha preparado para ellos. A lo largo de varios siglos, el primer concepto de judaísmo desarrolló una visión del más allá e incluso de la resurrección, y entre las doctrinas más centrales de la creencia cristiana se encuentra la existencia de un Reino de los Cielos que recibe a sus creyentes con los brazos abiertos. Sufrir en esta tierra se recompensa con el paraíso en el más allá. El cristianismo medieval convirtió esa preparación para el más allá en el propósito principal de nuestra vida en la tierra. Como la medievalista Alixe Bovey nos recuerda en su artículo «La muerte y el más allá» para la Biblioteca Británica: «El tiempo se medía en los días de los santos, que conmemoraban los días en los que los hombres y mujeres más sagrados fallecían. Pascua, el día festivo más sagrado en el calendario cristiano, celebraba la resurrección de Cristo de entre los muertos. Las iglesias parroquiales dominaban el paisaje… y el camposanto era el lugar principal de reposo de los difuntos». Las oraciones sobre la muerte eran comunes en el manuscrito medieval *Libro de horas* para ayudar a asegurar nuestra admisión en el paraíso. A principios del Renacimiento se consideraba la última moda entre los ricos llevar un *memento mori*, preciosas figuritas esculpidas, para recordarles el indiscriminado poder de la muerte.

Aparte del poder y el significado aportados por estas tradiciones religiosas, durante siglos ha habido motivos de peso para dar tanta importancia al más allá, pues la muerte siempre era un tema principal en todas las culturas. La esperanza de vida en la antigua Grecia y Roma estaba entre los treinta y treinta y cinco años; para el año 1800 en Europa se encontraba entre los treinta y cuarenta. Aunque algunos afortunados llegaban a vivir hasta una avanzada edad, las enfermedades, los accidentes y las lesiones acortaban la vida de muchos jóvenes. En el año 1900 en Estados Unidos la esperanza de vida tanto para hombres como mujeres seguía por debajo de los cincuenta años. Estos duros hechos se veían reflejados en cómo vivía la gente por aquel entonces.

Incluso las casas señoriales de la generación de nuestros tatarabuelos se construían para dar hospedaje a la muerte. A menudo los cuerpos de los difuntos se exhibían en el salón —el término «sala de estar» apareció después del final de la pandemia de la gripe de 1918, cuando el *Ladies' Home Journal* decretó que los salones de los muertos deberían «avivarse» un poco. Las familias pobres y de clase trabajadora trataron de mantener los fondos funerarios para poder costear los entierros de sus hijos. En el siglo XIX, los victorianos fueron más allá y empezaron a poner de moda una nueva forma de arte fotográfico para crear monumentos visuales para sus difuntos. Aunque podría parecernos absolutamente mórbido hoy en día, por aquel entonces los difuntos aparecían a menudo completamente vestidos y posando, ya fuera sentados o de pie, junto a sus familiares para un último retrato grupal.

Pero a la vez que la medicina avanza, las inmensas mejoras de seguridad, higiene y alimentación han atrasado la esperanza de vida hasta máximos históricos, y la muerte ha quedado relegada a un segundo plano. Es más fácil hablar de sexo que de la muerte. ¿Cuántos de nosotros hemos tenido una conversación sincera, abierta y sin tapujos sobre nuestros deseos para la muerte con nuestros padres, parejas, amigos o hijos?

Y, aun así, todos vamos a morir.

Yo podría haber sido uno de esos casos de «no preguntes, no hables» en cuanto al tema de la muerte. Crecí en California y hasta los diecisiete mi único encuentro real con ella se había reducido al fallecimiento de unos familiares lejanos a los que honraron con rituales católicos que me parecieron siniestros y un poquitín aterradores. Todo eso cambió el 29 de diciembre de 1979, en un viaje de esquí al lago Tahoe. Tras tres días de ventisca, las nubes por fin desaparecieron y el sol brilló alto en el cielo sobre la sierra. Salí, maravillado por los carámbanos de metro y medio que colgaban peligrosamente de los socarrenes de la casa de mi amigo John. De repente uno cayó y se estrelló contra el suelo, a apenas diez centímetros de donde me encontraba yo. Más adelante me pregunté si no habría sido un presagio.

En un alarde de la típica exuberancia adolescente, John y yo condujimos hasta Squaw Valley e inmediatamente iniciamos el ascenso hacia la ruta más alta en busca de nieve virgen. Solo habían pasado unos días desde que había esquiado por última vez, pero empecé desincronizado y me costó encontrar el ritmo. En esa pista en concreto, me incliné hacia delante para conseguir más velocidad, hasta que la parte trasera de mis esquís empezó a cruzarse.

Me excedí en la corrección y entonces fue la frontal la que se cruzó, catapultándome en el aire. Por un momento sentí una emoción sin igual, pero mi cuerpo siguió rotando hasta que me estrellé contra el suelo y sentí un violento crujido en la parte baja de la espalda.

Todo se volvió negro y silencioso, como si hubieran apagado la electricidad de mi cuerpo. En mi siguiente momento de consciencia, me di cuenta de que estaba mirando mi cuerpo cubierto de nieve desde arriba. Entonces empecé a alejarme de él y la tierra y me dirigí hacia el cielo. Me pareció natural y cómodo. Desde mi nuevo punto de observación pude ver la estación de esquí de Squaw Valley, así como el lago Tahoe y todo Reno. Conforme ascendía más y más, también vi la bahía de San Francisco, las Montañas Rocosas y luego todo Estados Unidos; después los océanos Atlántico y Pacífico, y finalmente, el planeta Tierra, que reconocí de las imágenes de los satélites. En ese momento, comprendí que cada interacción era de vital importancia; cada palabra, cada acción y cada pensamiento dejaban una huella indeleble.

De repente me encontré precipitándome hacia una luz brillante y dorada. Reconocí que me estaba muriendo y de pronto me di cuenta de que había desperdiciado mi vida. Supliqué a la luz, que identifiqué como Dios (como me había criado en un ambiente católico, asocié la luz con Dios): «Por favor, ¡no me dejes morir! ¡Aún no he vivido todo lo que quería vivir! ¡Por favor! ¡Déjame volver!». Mi trayectoria empezó a ralentizarse a la vez que me vi envuelto por esa amorosa luz cálida, sabia y viviente. En mitad de aquella luz, recibí un mensaje: «Haz algo con tu vida».

A continuación, sentí un empujón inexplicable y me encontré dando vueltas en el aire de vuelta a la tierra. La belleza de aquel viaje fue apareciendo a toda prisa y al revés. Me pregunté cómo iba a regresar a mi cuerpo, y cómo lo encontraría. Pero entonces la montaña se cernió sobre mí. Era consciente de la nieve que me rodeaba, pero no podía sentir ni los brazos ni las piernas. Supliqué: «Por favor, no permitas que me quede parapléjico». Una sutil corriente de energía me recorrió. La sensación se parecía mucho a cuando estamos de pie bajo la alcachofa de la ducha y sentimos el agua caliente caer sobre nuestra cabeza y resbalar por nuestro cuerpo. Empecé a mover los dedos de los pies y de las manos, abrí los ojos y vi copos de nieve en mis gafas protectoras. Mi mente seguía paralizada, pero una enorme sensación de gratitud me embargó. Luego oí unos esquís deslizándose en mi dirección y John exclamó de repente: «¡Vaya! ¡Menuda caída!».

Con eso, regresé completamente al mundo de los humanos; el espacio en el que había estado momentos antes desapareció. Me puse de pie despacio, sin siquiera considerar estar seriamente herido. No comprendí que acababa de vivir lo que se conoce como una «experiencia cercana a la muerte». Mientras me sacudía la nieve, me di cuenta de que sentía la espalda un poco tirante. Al día siguiente me desperté incapaz de moverme sin sentir un dolor agonizante. Un ortopedista me mandó una radiografía de la espalda. Con una regla, midió la distancia entre mis vértebras lumbares; había estado a poco menos de un milímetro de haberme reventado los nervios dorsales, lo que me habría dejado parapléjico. Tenía las vértebras lumbares y el sacro ilíaco comprimidos y fracturados. El doctor me recetó un corsé rígido que tuve que llevar durante tres meses.

Presupuse que ahí se acabaría todo, pero nada volvió a ser igual. El accidente me dejó con un dolor crónico y una discapacidad; mi identidad como un joven sano, atlético y de espíritu libre empezó a escaparse de entre mis dedos. Más pronto que tarde, mi experiencia en aquella montaña me obligó a cambiar de vida.

Como se esperaba de mí, traté de retomar mi carrera en la Universidad de California en Berkeley. Sin embargo, durante un viaje a Europa en 1984 cuando tenía veintidós años, me desperté temprano una mañana en un autobús nocturno en el sur de Yugoslavia. Cuando miré al otro lado de las cortinas del autobús, vi cientos de ojos desesperados y suplicantes mirándome a través de la abertura de la tela. Un grupo grande de mujeres musulmanas tenían los brazos extendidos, rogándome que les diera comida y dinero. Ver todas las que eran y su desesperación me hizo llorar. Mi mente de veintidós años racionalizó que quería ayudar; si no a estas mujeres, a otras personas como ellas.

Tras graduarme en 1985, viajé a Belice, Guatemala y Perú como miembro de la organización internacional de voluntarios jesuitas (Jesuit International Volunteers). En Perú di clase en un centro educativo a niños aimaras de la Cordillera de los Andes. Habían huido de la violencia y la hambruna y estaban refugiados en la ciudad sureña de Tacna. Con apenas cuatro años, los niños se veían en la obligación de sobrevivir por sí solos. La mayoría había presenciado incontables actos de violencia y sus familias y comunidades habían sido destruidas por culpa de una guerra civil y el hambre. Nadie hablaba de la muerte, pero estaba siempre presente, como un ente invisible siempre al acecho.

Una mañana estaba sirviendo gachas de avena cuando Rolando, un niño precoz de diez años, se me acercó y me preguntó como si nada: «Señor Bill, ¿sabe que el hermanito de Andreas se murió anoche?».

No me había enterado. Unos días después, vi a la madre, María, sentada en un círculo con otras aimaras tejiendo calcetines y jerséis de lana. Me acerqué a ofrecerle mis condolencias. Todas estaban manteniendo una animada conversación. Esperé a que hubiese una pausa entre ellas y luego le dije a María que lamentaba muchísimo su pérdida y le pregunté si podía ayudarla en algo. María desvió la mirada hacia donde me encontraba, pero no me miró a los ojos, ni tampoco respondió. Incómodo, reformulé la pregunta. María parecía un poco exasperada. Miró en mi dirección y dijo: «Señor Bill, pregúnteles a todas las mujeres de aquí si han perdido a un hijo». Leticia, que estaba sentada frente a María, levantó la vista y habló: «Yo he perdido a una hija de cinco años». Hortensia añadió: «Mi hijo murió en el ejército». Otra mujer, Gloria, dijo: «Yo he perdido a dos. Uno de mis hijos se ahogó en un río, y mi hija murió de una fiebre».

Aquello me impactó. Cuando retomaron su conversación en su dialecto aimara, no pude evitar pensar en que la relación de esas mujeres con la muerte y los difuntos me resultaba tan extraña como el idioma que estaban hablando.

En cuanto regresé a la bahía de San Francisco, me matriculé en la Graduate Theological Union en Berkley y estudié teología sistemática y filosofía en un intento por comprender mejor lo que había vivido durante mi voluntariado. Durante ese periodo, también pasé tiempo como trabajador social en la fundación de St. Anthony, en el distrito de Tenderloin de San Francisco. Había tenido la intención de trabajar con los muchos inmigrantes que llegaban de México y de América Central y del Sur, pero me topé de bruces con la epidemia de sida que estaba arrebatando la vida de miles de hombres homosexuales. El estigma de la enfermedad a menudo causaba soledad y discriminación, además de vergüenza, culpa y confusión.

Conocí a Brad cuando tenía casi cuarenta años. Pese a sus ojos azules, sus pómulos altos y su densa melena de pelo, era vagabundo y vivía en una comunidad improvisada con otros hombres infectados en un edificio abandonado. Brad acudía a menudo a la fundación St. Anthony para pedir comida y otros suministros, así que empezamos a entablar una conversación que comenzó con temas mundanos y poco a poco fue evolucionando hasta convertirse en algo más personal. Un día, Brad humildemente me pidió más comida porque alguien de su comunidad se estaba muriendo y todos los demás estaban con él. Luego empezó a abrirse y me habló de los muchos amigos —a quienes consideraba sus hermanos— que había perdido por culpa del virus.

Brad regresó cada día durante toda una semana y media para pedir comida. Durante cada visita, compartía conmigo un poco más de lo que estaba viviendo. Se había convertido en lo que podríamos llamar una comadrona de la muerte; guiaba la muerte de su amigo mientras mantenía a la comunidad unida con la sabiduría y el conocimiento que había adquirido tras atender otros fallecimientos. Una mañana, Brad llegó justo cuando la fundación de St. Anthony estaba abriendo con los ojos rojos e hinchados. Dijo: «Randy murió anoche». Lo invité a sentarse y empezó a describir los últimos momentos de Randy.

Brad me contó que él y otros hombres estaban reunidos en la tercera planta del edificio a medio construir en el que vivían. Randy se encontraba descansando al lado de una pequeña hoguera que habían encendido con cuidado. Cuando el fuego empezó a prender, Brad vio una cascada de luz brillante y blanca. Al principio pensó que la pequeña hoguera se había descontrolado, pero entonces se percató de que aquella luz era distinta, que provenía de arriba. Empezó a sentirse mareado y notó una sensación clara y tirante en el corazón. Miró a su alrededor y se dio cuenta de que todos estaban pendiente de Randy.

En aquel momento, el edificio pareció abrirse desde arriba y observó cómo la silueta del cuerpo de Randy se elevaba a través de una columna de luz. El Randy incorpóreo los miró, más joven, sano y animado que el cuerpo del recién fallecido, y les dio las gracias a todos. Luego ascendió hacia la luz y desapareció. Conforme desaparecía, la cascada cilíndrica de luz se disipó. Los hombres formaron un círculo alrededor del cuerpo de Randy, se dieron las manos y lloraron.

El cuerpo físico de Randy, destrozado por el VIH y mezclado con lesiones del sarcoma de Kaposi, fue lo único que quedó allí. «Ni siquiera le buscamos el pulso. Quedaba claro que el alma del Randy que conocíamos y amábamos había viajado a otro lugar, viva y bien».

No me cupo duda de que lo que Brad había compartido conmigo era cierto. Tras unos cuantos minutos allí sentados en silencio, le pregunté: «¿Cómo puedes estar tan cómodo, tan tranquilo, con todo esto?». Me miró fijamente y dijo: «He asistido a la muerte de bastantes de mis hermanos, y muchos tienen esa capacidad. Algo sobrevive a ese horrible destino y sigue adelante». Brad hizo una pausa. «Sé que hay un final feliz para nuestras vidas, y eso me infunde muchísima paz y consuelo. Tengo fe de que volveré a verlos».

Vi a Brad un par de veces más a lo largo de los siguientes meses, pero sus visitas disminuyeron cuando expulsaron a su comunidad. Él y su grupo se mudaron a un paso subterráneo y luego volvieron a mudarse, y dejó de venir por la fundación. Pero Brad me dejó tanto una huella indeleble como una serie de preguntas sin respuesta sobre la experiencia de la muerte.

La muerte volvió a encontrarme aproximadamente un año después de mi experiencia con Brad. En febrero de 1993 contraje una enfermedad rara de la sangre, potencialmente mortal y con ninguna causa conocida: la púrpura trombocitopénica idiopática. Me vi flotando sobre mi cuerpo físico en la unidad de cuidados intensivos del Kaiser Hospital en Oakland. Recuerdo mirar abajo desde el techo y oír a las enfermeras hablar sobre los cuatro pacientes en la UCI. Oí a una describir a un paciente joven y sano con una enfermedad rara de la sangre. Cuando la enfermera caminó hacia su cama miré su rostro y, para mi total sorpresa, grité para mí mismo: «¡Ostras! ¡Soy yo!».

Recuerdo que un médico, un hematólogo, se acercó a mi cuerpo en la cama de hospital. Me llamó por mi nombre y recuerdo pensar mientras observaba desde arriba: «¿De verdad quiero volver a ese cuerpo?». Mientras ponderaba la pregunta, decidí al menos tratar de responder al doctor. «Sí, doctor». En cuanto pronuncié esas palabras, empecé a llenar mi cuerpo físico casi igual que lo hace la arena dentro de un reloj de arena —la sensación fue la misma que cuando viví mi primera ECM en la pista de esquí catorce años antes— y recuperé la sensibilidad física. Me sentía completamente agotado, pero mi consciencia había regresado a mi forma humana.

Al igual que en mi primera ECM, no compartí esta experiencia con nadie, pero sí que recuerdo darme cuenta de que yo no era mi cuerpo físico. Me quedó absolutamente claro que ese «yo» al que siempre me refería existía independientemente de mi cuerpo de carne y hueso.

Después de eso, me centré cada vez más en el final de la vida. Me uní al Zen Hospice Project de San Francisco como voluntario y también trabajé en la unidad de cuidados paliativos del hospital Laguna Honda en San Francisco, que básicamente era un pabellón con veinticuatro camas ocupadas principalmente por indigentes moribundos. Fue ahí donde viví mi primera experiencia de muerte compartida.

Había estado trabajando con Ron (no es su verdadero nombre), al que le encantaban las historias de aventuras, particularmente las de Jack London. Ron empeoró rápidamente y estaba semiinconsciente mientras le leía un capítulo de *La llamada de la selva* de Jack London. De pronto, me di cuenta de que estaba flotando por encima de mi cuerpo. Miré al frente y vi que Ron también estaba flotando sobre el suyo. Cuando nuestras miradas se cruzaron, vi los ojos radiantes de Ron; su rostro rebosaba de salud y vida, a diferencia del cascarón vacío que yacía en la cama. Este nuevo Ron me dedicó una sonrisa enorme como diciéndome: «Mira, ¿a que mola? Aquí es donde he estado. Aquí arriba todo es maravilloso». Unos momentos después, regresé a mi cuerpo, anclado a la silla y leyéndole a Ron mientras él permanecía con los ojos cerrados. Falleció al poco rato.

Tuve otras experiencias similares con personas a punto de morir y sus seres queridos en aquel pabellón. Al igual que muchos otros trabajadores allí, aprendí que cuando la línea entre esta vida y la siguiente se vuelve más borrosa, es como si entráramos en otra dimensión donde el espacio y el tiempo operan de forma distinta.

En octubre de 2009 asistí a un taller titulado «Supervivencia del alma» en el Omega Institute for Holistic Studies. Raymond Moody, el hombre que había presentado las experiencias cercanas a la muerte (ECM) en Occidente, iría a hablar de su nueva investigación sobre las experiencias de muerte compartidas (EMC). Cuando el doctor Moody empezó a describir las EMC, mi cuerpo empezó a temblar. No me podía creer lo que estaba escuchando. Supe exactamente de lo que estaba hablando porque yo mismo había vivido esa clase de experiencia. Moody las describió igual que las experiencias cercanas a la muerte en cuanto a los fenómenos que se pueden vivir. Aquello me llamó mucho la atención por su acertada apreciación, porque durante las dos ECM que había tenido, así como la EMC en la que también había estado presente, sentí cosas muy similares. No exagero al decir que oír la definición de Raymond Moody de las EMC me cambió la vida. Por fin tenía un nombre y un contexto para lo que había vivido y presenciado.

La mayoría de los psicoterapeutas experimentados reconocen que, de alguna manera, los clientes que necesitamos siempre terminan encontrándonos, y hay épocas en nuestra trayectoria profesional en las que las consultas se nos llenan de cierto tipo de cliente. A veces aparecen de golpe un montón de personas con traumas pasados; otras, es un aluvión de gente con problemas de infidelidades el que llama a la puerta. En mi caso, en cuanto regresé a casa después del taller, empecé a recibir una inmensa afluencia de clientes con problemas relacionados con la muerte. Muchos eran ellos mismos los que se enfrentaban a una muerte inminente, mientras que otros eran cuidadores preocupados por perder a un ser querido. Algunos incluso tenían preguntas existenciales muy profundas relacionadas con la muerte y con cómo era morir: «¿Qué nos pasa a mí y a mis seres queridos durante la muerte?», «¿A dónde vamos después de la muerte?», «¿Volveré a ver a mis seres queridos?».

A finales de 2011, las dos terceras partes de mi clientela estaban directamente relacionadas con la muerte, el duelo, la pérdida y otros problemas existenciales asociados al miedo a morir, pero seguía sin estar seguro de si los demás compartirían mi interés por el misterioso proceso de morir y mi curiosidad por una posible vida después de la muerte. A pesar de haber pasado años estudiando este tema intelectual, espiritual, cultural y también profesionalmente —como trabajador social, como voluntario en una unidad de paliativos y también en el extranjero—, estaba nervioso cuando en otoño de 2011 anuncié la creación de un grupo piloto llamado «¿Hay vida más allá de la muerte?» que duraría ocho semanas. Recuerdo pensar que ese podría suponer el final de mi carrera profesional como psicólogo familiar si mis colegas y clientes veían ese tema como algo demasiado «raro».

Para mi sorpresa, la respuesta fue rápida y muy positiva. Decidí hacer una entrevista previa de quince minutos con todos los interesados antes de seleccionar a los que finalmente conformarían el grupo. Me llevó varios momentos incómodos llegar hasta la pregunta clave: «¿Qué experiencias has tenido con la muerte y con la vida después de la muerte?». Me di cuenta enseguida de que necesitaba al menos una hora para cada entrevista. La gente empezó a hablarme de sus experiencias, sus perspectivas y sus sentimientos en cuanto a la muerte, apoyándose siempre en vivencias verídicas y místicas tanto dolorosas como profundas. Aunque había trabajado como psicólogo durante bastantes años, esas conversaciones fueron distintas: la gente se animaba. Para muchos, esa era la primera vez que compartían sus experiencias, y agradecían haber tenido la oportunidad. Yo, en cambio, me sentía afortunado, como si pisase suelo sagrado, mientras escuchaba todas esas asombrosas y reconfortantes historias. Se convirtió en un ejercicio conmovedor y profundo para mí.

El grupo piloto lo conformaron ocho miembros muy comprometidos: tres hombres y cinco mujeres, y todos pertenecían a la generación de los *baby boomers*. Hablamos abierta y sinceramente sobre morir, la muerte y lo que nos esperaba más allá. Los miembros compartieron sus sentimientos y miedos en cuanto a ese gran misterio. La experiencia de una persona a menudo desenterraba los recuerdos olvidados de otra. Semana a semana, los miembros del grupo profundizaron su relación entre ellos y con ese tema tabú para la sociedad.

Para cuando el taller llegó a su fin, muchos dijeron que su relación con la muerte había cambiado sustancialmente y que ya se sentían más cómodos abordando el tema con sus amigos y familiares. Los miembros comentaron en broma que esa «comodidad» que sentían ahora para hablar sobre la muerte los convertiría en unos «bichos raros» en nuestra sociedad tanatofóbica. En nuestra última reunión, todos agradecieron haber formado parte de algo que, contra todo pronóstico, les había cambiado la vida. No podía estar más de acuerdo con ellos, pues yo también había cambiado.

El grupo «¿Hay vida después de la muerte?» fue todo un éxito y ratificó mi opinión sobre el valor inherente de hablar abiertamente sobre la muerte, así como de prepararnos para ella. Desde entonces mi contestador automático siempre estaba lleno de mensajes como el siguiente: «Hola, soy Mary. Mi amiga Samantha, que participó en su grupo sobre la muerte el pasado otoño, me ha hablado de él. Yo también viví algo extraño cuando mi madre murió…».

El éxito de esos talleres y la brutal cantidad de experiencias transformadoras relacionadas con la muerte de algún ser querido que compartían conmigo me llevó a fundar el Shared Crossing Project —«crossing», en referencia a la transición de esta vida humana a otro lugar, y «shared», por las experiencias que claramente vivíamos con nuestros seres queridos— mediante el que expandir y apoyar esta comunidad en expansión. La misión del Shared Crossing Project era amplia y, aun así, sencilla: educar y concienciar a la gente sobre las experiencias profundas y sanadoras que los difuntos y sus seres queridos comparten al final de la vida. No obstante, a la vez que surgían más casos de estas «experiencias compartidas», empecé a hallar patrones, similitudes y tipologías. No eran meras experiencias emocionales, sino que podían estudiarse y analizarse. Y eso fue exactamente lo que hicimos con la colaboración de Michael Kinsella. En este libro compartiré lo que averiguamos y lo que todos podemos aprender del estudio de las EMC.

No obstante, el objetivo principal de nuestro equipo de investigación es ofrecer un espacio solemne para que tanto la persona falleciendo como sus seres queridos puedan compartir una bonita experiencia consciente y de unión antes de morir. Todo lo que hemos aprendido de nuestra investigación, basada en relatos de experiencias relacionadas con el fin de la vida, y la coherencia de dichos relatos sugiere que nos aguarda una vida mejor más allá del umbral de la muerte. Te invito a echar un vistazo conmigo a través de él.

Experiencias de Muerte Compartidas: Conocimientos básicos

Hay dos tipos principales de EMC: 1.) La presencial, donde la persona que vive la experiencia está físicamente junto al difunto, y 2.) la remota, en la que la persona se encuentra en otro lugar, incluso al fondo de un pasillo de hospital. Las EMC remotas pueden tomar múltiples formas: podrían ser una despedida breve o prolongada, ocurrir a la misma hora de la muerte o ligeramente antes o después.

2

UN VISTAZO AL PARAÍSO

A Liz H. le había costado quedarse embarazada. A pesar de trabajar como docente en Wheeling (Virginia Occidental), su médico la refirió a una clínica especializada en Pittsburgh (Pensilvania), a una hora y veinte de camino en coche. Recuerda claramente el viaje para comprobar «si alguno de los embriones se había adherido». Dos coches chocaron en la autopista delante de Liz y su marido por aquel entonces, Mark. «Fue horrible», recordó. «Deberíamos habernos hecho a un lado en la carretera y parar, pero quería llegar a la cita médica. Quería quedarme embarazaba». No se detuvieron y mientras pasaban junto a los restos del accidente Liz miró directamente a una mujer que iba en uno de los coches destrozados. «Me estaba mirando y yo a ella, estábamos como congeladas en el tiempo». Liz no ha olvidado el rostro de la desconocida.

Liz es una mujer fiera, vivaz, enérgica y animada, algo absolutamente clave para mantener la atención de sus alumnos en clase. Pero mientras hablaba, vestida con un polar de color azul marino con el emblema de su centro actual, también mostraba un profundo aire pensativo, inquisitivo y minucioso. Las noticias del doctor fueron muy buenas y poco después en una ecografía aparecieron gemelos. «Recuerdo a mi entonces cuñado diciéndome: "Jamás te he visto tan en paz y tranquila. Literalmente irradias el embarazo", y era verdad». Liz siguió todas las pautas para tener un embarazo sano: nada de cafeína o alcohol, salir de la estancia si alguien empezaba a fumar. En el colegio que trabajaba comía huevos duros a la misma hora y todos los días. Salía de cuentas a mediados de abril. Liz y Mark ya habían puesto nombre a uno de los bebés, Grace, por la gracia de Dios. «Recordaba el título de una película *Grace of My Heart**. No me encantó, pero el título me gustó mucho». El otro bebé se llamaría Nicolas. «En Navidades no dejaba de pensar en la magia de la Navidad. Recuerdo decirle a Mark: "¿Qué te parece Nicholas por San Nicolás?"». A él le gustó, pero quería la forma italianizada, así que eligieron «Nicolas».

A finales de enero Liz y Mark fueron a Morgantown (Virginia Occidental) en coche para una cita médica con un tocólogo de alto riesgo. «Cuando llegué me dijeron que no debía salir de Morgantown», recordaba Liz. Las distancias, el riesgo de hielo y el mal tiempo hacían que regresar fuese demasiado peligroso. Liz y Mark se trasladaron a un hotel en el que ordenaron a Liz hacer reposo absoluto excepto para acudir a las citas médicas en el hospital.

La noche de San Valentín Mark y Liz compartieron una preciosa cena que pidieron al servicio de habitaciones sobre un mantel de lino blanco. «Nos hicimos una foto y yo parecía una ballena. Medía metro y medio y estaba embarazada de gemelos, así que también parecía que midiera metro y medio de ancho». De repente sonó la alarma de incendios y anunciaron la evacuación inmediata del edificio, pero los ascensores habían dejado de funcionar. «Le dije a Mark: "Puede que a nosotros no nos haga falta. Quizá no sea necesario. Llamemos a recepción"». Pero él creyó que lo mejor sería irse. «Bajé nueve pisos por las escaleras».

Cuando la pareja llegó al vestíbulo se enteraron de que una máquina de humo en un baile había hecho saltar la alarma. «No tenía por qué haber salido de la habitación». Al día siguiente unos amigos fueron a visitarlos. Liz recuerda que fue un día precioso y tranquilo. Tal vez demasiado tranquilo. «Siempre me decían que contase las veces que sentía las pataditas y que así sabría que todo iba bien. Al ser gemelos, siempre me había preguntado si no debería sentir el doble de patadas, pero jamás supe la respuesta». El lunes por la mañana Luz tenía una cita rutinaria en el hospital.

«Me hicieron el típico análisis de orina y de sangre. Todo iba bien». Después fue el turno de la prueba en reposo, «y no encontraron dos latidos, sino solo uno».

---

* N. de las T.: *Corazón rebelde* en español.

El equipo mandó a Liz a la unidad de tocología del hospital y se llevaron a Mark a la unidad de cuidados intensivos neonatales para «enseñarle cómo sobrevivían los bebés prematuros. Le pregunté a mi enfermera: "¿Esto ha pasado porque bajé andando nueve pisos?". Y ella respondió: "No, pero si te recomendaron reposo fue por algo. Levantarte y bajar nueve pisos andando no fue lo más aconsejable"».

La actriz Julia Roberts estuvo embarazada de gemelos al mismo tiempo que Liz. «Cuando se está de reposo, ves muchos programas malos y de Oprah en la tele, así que puedo contarte muchísimos detalles del embarazo de Julia Roberts y de sus hijos. Es raro, pero cada vez que la veía recuerdo pensar que ella merecía tener gemelos y yo no, porque aquel día que me enteré de que estaba embarazada no habíamos parado en aquel accidente horrible. No había sido muy buena samaritana». Los especialistas no pudieron encontrar el latido de Nicolas. Liz se enfrentó a la decisión de seguir con el embarazo con Grace e intentar llegar a término o dar a luz a ambos bebés ya. «Otro doctor me dijo que mi decisión ya no era sobre dos bebés vivos». Solo Grace nacería con vida.

La comida llegó. «Recuerdo tener mucha hambre. Di el primer bocado a un sándwich de pavo. Lo tenía en la boca y el doctor vino corriendo. Me sacó el bocado de la boca con la mano y dijo: "Si no das a luz a esos niños, te perderemos a ti". De repente dejó de ser decisión mía. Ya no era ni un embarazo bonito ni un bonito comienzo de la vida, sino una situación médica». Los bebés estaban colocados de tal forma que una cesárea habría sido demasiado arriesgada. En lugar de eso, el equipo médico decidió inducir el parto. «Hubo Pitocin (un medicamento para inducir el parto), médicos y enfermeras que no dejaban de entrar y salir, y multitud de conversaciones susurradas».

No daría a luz hasta el martes por la noche. El lunes por la noche Liz se encontraba sola y tumbada en la cama, al igual que el mes anterior. «Estaba en la cama, así que todo me parecía un sueño. Esa noche me costaba asimilar lo que iba a pasarle a mi hijo». Mientras estaba allí tumbada con los monitores y las vías, «tuve la visión de una fiesta. Parecía una gran boda, y estaba sentada en las mesas de atrás. Había música, pero no resultaba abrumadora. Aún quedaba comida en la mesa, aunque se habían llevado la gran mayoría».

Liz no conocía a nadie en aquella fiesta salvo a «mis cuatro abuelos. Pero los que se me acercaron eran una versión más joven de ellos mismos, tanto que no los había reconocido. Tenían una foto con mis padres. Había visto esa foto otras veces. Todos estaban bien arreglados y muy guapos».

Pero lo que sorprendió a Liz fue la emoción que sintió. «Me llevaba muy bien con mis abuelos, pero lo que viví durante esa experiencia fue increíblemente tierno, y así no es cómo describiría a ninguno de ellos. Jamás habría empezado con la frase "son muy tiernos"». Mientras Liz trataba de comprender lo que estaba viendo y sintiendo, le sobrevino una sensación «de apoyo, como si estuviesen transmitiéndome el mensaje de "nosotros nos encargamos de esto". Recuerdo un bebé arropado y sentí como si se lo estuviese entregando».

Liz recuerda específicamente que «fue claramente la madre de mi padre la que me decía: "yo me encargo". Pero a su vez, todos me transmitieron lo mismo. Juntos eran como una sola persona, y sentí que podía confiar en ellos. Me embargó una sensación de "no estás sola. No tienes que hacer esto sola"», añadió Liz. «Más tarde decidí enterrar a mi hijo junto a la madre de mi padre porque me había prometido que lo cuidaría y lo llevaría en brazos. Sentí que eso era lo que debía hacer con su pequeño cuerpo».

Pero primero Nicolas y Grace tenían que nacer. «El parto no fue tan fácil como cabía esperar», explica Liz, «Grace pesó poco más de un kilo cuatrocientos y Nicolas un poco menos. No debería haberme costado tanto dar a luz, pero me dolía horrores y me las vi y me las deseé.

»En cuanto di a luz a Grace, se la llevaron corriendo a la UCIN. Realmente es como si te atropellara un coche. Después de tantísimo dolor, no llegas a sentir ningún momento de alegría o felicidad. Pasas del dolor al miedo, y del miedo al pánico en un instante. Era tan distinto de la tranquilidad que había sentido la noche anterior al ver a mis abuelos».

El equipo atenuó las luces de la sala de parto y le preguntó a Liz si le importaría que un grupo de estudiantes de medicina observaran el parto de Nicolas con fines «educativos». Ella aceptó. Las cosas empezaron a torcerse. «Me costó», recordó. «No empujé ni nada. Empecé a sangrar y los médicos no parecían poder detener la hemorragia». Le dijeron que le iban a poner una inyección y que todo iría bien. Pero lejos de eso, su cuerpo rechazó el medicamento y empezó a costarle respirar. «Sabía que me estaba muriendo y le dije a Mark: "Me voy con Nicolas. Cuida de Grace". Liz se quedó inconsciente. Pudo oír al equipo hablar de ella como si no estuviera allí. «Fue como si hubiese estado tumbada al lado de mí misma, solo que consciente y observándolo todo».

Su hermana, una pediatra, regresó a la sala de parto. Se había marchado para acompañar a Grace a la UCIN. «Pude oírla decirme que Grace había tenido un siete en la prueba de Apgar y que iba a estar genial. Entonces la oí intentando decirles a mis médicos lo que tenían que hacer». Liz se rio y añadió: «Me alegré de no poder hablar y de que fueran ellos los que tuviesen que lidiar con mi hermana».

Por abrumador que pareciera, Liz estaba en paz con lo que estaba sucediendo; sintió como si se estuviese yendo con Nicolas.

Liz sobrevivió. Durante años solo le contó su experiencia con Nicolas antes del parto a una única persona. Su pastor fue en coche a Morgantown aquel martes y la visitó mientras Liz esperaba que el Pitocin, que se usaba para inducir el parto, hiciera efecto. «Le conté lo que había pasado y él me dijo: "Oh, Liz, has estado en el paraíso". Entonces yo le respondí: "¿Qué?". Él insistió: "Has estado. Has estado allí. Pudiste vislumbrarlo. Pudiste llevar a tu hijo". Por aquel entonces descarté esa idea y le contesté: "No tiene sentido. Mis abuelos estaban más jóvenes de lo que deberían haber sido". Y él repuso: "Quizá en el paraíso vivamos en nuestra época favorita"».

Liz se quedó asimilando sus palabras. Su transformación personal empezó realmente mientras cuidaba de Grace por las noches. «Hubo muchas tomas nocturnas en las que me quedaba a solas con el bebé, pero nunca estaba sola. Siempre sentía que Nicolas estaba allí». Y prosiguió: «No lo estaba cuidado como si fuese un bebé. Fue casi como si tuviera cuatro años directamente». La presencia de Nicolas permaneció con ella durante bastante tiempo. «Recuerdo la sensación. Siempre que pensaba "Dios, mi pequeña ya no tiene a un hermano que la proteja", las palabras cambiaban por "No, tiene algo mejor que la protege ahora". Y así ha sido durante años. He sentido claramente que él y yo nos ocuparíamos de ella, que la cuidaríamos.

»He hablado con otras mujeres que han pasado por partos parecidos. Creo que con ninguna que haya tenido gemelos y perdiera uno, pero otras personas que han perdido a un bebé me decían: "¿Alguna vez te has metido en el coche y esperas inconscientemente a que el último niño se suba?". Lo que significa que siempre hay una especie de instinto que te hace esperar a ese niño que nunca te acompañará. A nosotros nos pasa constantemente en casa y en el coche. Siempre».

Liz continuó sintiendo la presencia cercana de Nicolas durante años. La compara a cuando observas a los niños jugar desde lejos y hay uno que se lo está pasando bien, pero que cada cierto tiempo vuelve para comprobar que su madre sigue ahí. «Eso lo veo mucho en los niños y me encanta. En parte así es como acepté lo que estaba pasando, que siempre volvía para asegurarse de que estaba bien. Y después se iba».

Cuando Grace tenía cinco años eligieron a Liz para que dirigiera el Wheeling Country Day School, algo que le costó mucho. «Lo di todo, y Nicolas siempre estuvo a mi lado. Alguien me preguntó: "¿Por qué lo haces? Siempre haces todo lo que puedes y más". Yo le respondí: "Porque me habría gustado que alguien hiciese esto para mi hijo, y esto es lo que espera"».

Pero los años posteriores al nacimiento de los gemelos fueron duros. El matrimonio de Liz y Mark implosionó poco a poco. Incluso la relación con su padre, que era director de un hospital, se volvió tirante. Todos los cumpleaños de Grace estaban inmediatamente precedidos por el aniversario del fallecimiento de Nicolas. Hasta que llegó el día en que Nicolas habría cumplido trece años y en palabras de Liz: «Por fin estuve lista para decirle: "Ya estoy bien. Puedes irte"». Liz explica que había estado trabajando con un psicólogo que le sugirió que era importante «que tuviese una conversación con Nicolas y le dijese que había cuidado muy bien de mí. Que podía irse y que ya no tenía que preocuparse de nosotros ni estar atado a nosotros de ninguna forma. Que estábamos bien». En esa conversación, Liz recuerda que el Nicolas al que vio y al que le dijo eso era «un niño, no un bebé». Compara la sensación con un padre cuando ve a su hijo marcharse al bosque. «Sabía que sería una aventura increíble y no tendría que preocuparme porque se hiciera daño o cosas así. No sabía qué le depararía el futuro, pero sí que sería mejor que cualquier cosa que hubiera pasado conmigo».

La experiencia de Liz fue absolutamente transformadora no solo en cuanto a su aflicción, sino en la forma más amplia de ver la vida que había empezado a tener. Al reflexionar sobre su camino, dijo: «Creo que descubrí que tenía un propósito mayor que el que había imaginado y que necesitaba estar más presente y pendiente de cómo ayudar a la gente; vi que no tenemos constancia del dolor de mucha gente». Liz analizó y reevaluó sus relaciones. Fue capaz de cerrar algunas brechas que había en su familia y, algo igual de importante, ayudar a otras familias y a otras mujeres que habían sufrido una pérdida similar.

Liz añade: «Hay un cartel que se cuelga en la puerta de la habitación de hospital de una mujer que ha perdido a su bebé: la imagen de agua oscura con una hoja flotando y una gota encima. Después del parto tardé días en poder andar. Estaba volviendo a mi habitación en el hospital cuando vi el cartel por primera vez. Pregunté: "¿Qué es esto?". Y la enfermera me lo explicó: "Es un recordatorio para los que entran de que has sufrido una pérdida y que deben tratarte con empatía".

»Creo que si me llevo algo de esto es que nos vendría muy bien a todos tener ese cartel cuando nos hace falta. Cuando Grace estaba en quinto de primaria uno de sus compañeros se cansó mientras estaba jugando al Monopoly, subió a su habitación y falleció. Fue traumático para toda la ciudad. Sin embargo, fui capaz de ayudar no solo a la escuela, sino también a la comunidad, porque pude apoyarme en lo que yo misma había vivido». Ahora en su ciudad de Virginia Occidental cuando una mujer sufre la pérdida de un hijo, Liz casi siempre recibe una llamada para acudir y ofrecer su apoyo y consuelo. Recuerda un Día de la Madre, unos catorce años después del fallecimiento de Nicolas, cuando otra madre de su colegio perdió a su hijo. «Me sonó el teléfono y me preguntaron: "¿Puedes venir al hospital?"». Cuando Liz llegó, «ahí estaba el mismo cartel, el agua oscura con la hoja, colgando de la puerta».

Liz contó toda su historia durante la primera ola del COVID-19, y añadió: «Ayer estaba teniendo un día muy duro y me uní a la llamada por Zoom con mis alumnos de sexto para enseñarles poesía, pero nadie en su sano juicio debería tener que enseñar poesía a niños de doce años por internet. Uno hizo un comentario sarcástico que me dolió y les dije: "¿A que habría estado bien empezar la reunión de Zoom con un pequeño cartel en la ventana para que supieseis que la señora H. está teniendo un día difícil?"».

Liz reflexiona regularmente sobre la imagen de la hoja flotando con la gota, la conexión que mantuvo con Nicolas y la vida que creó con Grace y Ella, su segunda hija, a la que adoptó. «Creo que fui capaz de seguir adelante porque tuve la sensación de que, fuera a donde fuera, Nicolas estaría mejor».

Acabó con esta reflexión: «A partir de entonces he sentido que hay algo maravilloso y precioso después de esta vida, y no es la inmediata continuación de donde te quedaste, sino la parte más bonita de lo que es, fue, o podría haber sido tu vida».

La experiencia de muerte compartida ofrece a los humanos uno de los momentos más profundos de sus vidas: un momento de transición de la vida sobre la tierra a lo que sea que exista más allá. No dejamos de oír a la gente repetir que esta experiencia ha cambiado su relación con el duelo, su punto de vista y su forma de seguir adelante, pero las palabras de Liz son particularmente profundas: no es la inmediata continuación de donde te quedaste, sino la parte más bonita de lo que es, fue, o podría haber sido tu vida. Una vida longeva podría regresar a un periodo más feliz; una vida interrumpida quizá crezca y florezca en ese otro mundo.

Hay aspectos comunes en las experiencias de Liz y Gail. Gail, la protagonista de nuestra primera historia, y Liz son dos mujeres con una gran diferencia de edad y que en el momento del suceso vivían en diferentes estados, y sin embargo ambas vieron a familiares fallecidos durante una celebración y sintieron que dejaban el alma o la esencia de su ser querido al cuidado de un familiar. Ambas también fueron conscientes de dos realidades simultaneas: estar en una habitación física y a la vez, vivir aquella experiencia en otro mundo.

En efecto, Michael Kinsella y yo y el resto del equipo de investigación descubrimos similitudes en las historias que oíamos. Dos meses después de hablar con Liz entrevistamos a Michelle J., una mujer abierta, cariñosa, con buen sentido del humor y una forma de hablar muy australiana y sincera. Nació en Sídney en 1968. Hay elementos profundos que conectan las experiencias de Liz y Michelle. Incluso para nosotros los investigadores y terapeutas, esas similitudes resultaron llamativas, poderosas e imposibles de desestimar.

Al contrario que Liz, a Michelle no le costó quedarse embarazada. Su primer hijo, Luke, nació en 1994 y en 1995 se quedó embarazada de su segundo hijo, Ben. «Se suponía que Ben iba a nacer cuando Luke tuviese dieciséis meses. Ambos fueron accidentes dichosos». Al principio del embarazo, Michelle empezó a sangrar tanto que pensó que había abortado, pero el bebé sobrevivió. Una ecografía mostró que era un niño y Michelle y su marido por aquel entonces, Alan, lo llamaron Benjamin Michael, ya que Michael era «la versión masculina de mi nombre».

Michelle comentó: «Sentí que estaba conectada a él porque sabía que era niño y ya tenía nombre». Estaba cursando la carrera de Ciencias Medioambientales y recordaba estar fuera, en un río, con botas de pescador y pescando para comprobar si la contaminación del agua afectaba a las gónadas de los peces, sus órganos reproductores. Recordaba: «Llegué a casa y estaba agotada. Tenía las manos hinchadas y no me encontraba bien. Eran las seis de la tarde y le dije a mi marido: "Voy al médico a que me miren antes de que cierren"».

Era un viernes por la noche. La doctora examinó a Michelle. «No me lo dijo, pero por lo visto había dilatado nueve centímetros. Y Ben venía cruzado, lo que significa que, de haber roto aguas y haberme puesto de parto, cuando hubiese bajado por mi cuello uterino, ambos habríamos muerto. Yo me habría desangrado y él habría muerto». Una ambulancia llevó a Michelle al hospital. «Fue como lo que se ve en esos programas de televisión, las puertas se abren de golpe y empiezan a correr por el pasillo, y entonces me di cuenta de que era algo grave. Recuerdo tener que rellenar un formulario mientras me llevaban a toda prisa hacia la mesa de operaciones y me entró el pánico».

A Michelle le hicieron una cesárea de urgencia. «Para cuando recobré la consciencia ya se lo habían llevado a la unidad de cuidados intensivos neonatales». Le dijeron que Ben había pesado menos de un kilo, que tenía un buen tamaño para ser un bebé prematuro y que lo habían enchufado a un ventilador mecánico, pero que estaría bien. Su marido y su hermana habían ido a verlo. Michelle recordaba con pelos y señales lo que había sucedido a continuación mientras esperaba en la sala de reanimación: «¿Sabes cuando estás dormido y a la vez no, cuando estás leyendo un libro y das una cabezada? Estaba en ese estado». Lo que vio fue una «colina preciosa y poco pronunciada. Era verde y frondosa, tan bonita y tranquila. A la izquierda, a medio camino de la cima, había un sauce llorón. Como bióloga, recuerdo pensar: "Madre mía, qué árbol tan precioso".

»Frente a mí, subiendo la colina corriendo y riendo estaban Luke, mi hijo, que en ese momento tenía trece meses, y Ben. Pero en mi sueño eran mayores. Parecían tener cuatro y tres años respectivamente. Luke era rubio y tenía los ojos azules y ambos vestían pantalón corto y camiseta. Luke iba en cabeza y Ben lo estaba persiguiendo, ambos entre risas». Michelle recordaba «la sensación de alegría y que corría tras ellos. Les decía feliz: "Esperad a mamá. Esperad a mamá"». Vio a los chicos correr por debajo del sauce llorón. Luke no se detuvo. No se giró ni miró atrás, pero Ben sí que se paró. Se dio la vuelta, me miró y estiró el brazo hacia mí. Recuerdo su rostro a la perfección. Tenía el pelo castaño y rizado como el mío. El de Luke era rubio y liso. Ben llevaba gafitas, tenía los ojos azules y era tan guapo. Y estaba tranquilo. No sonreía. Estaba tan tranquilo. Se dio la vuelta y me ofreció el brazo, como esperando a que lo alcanzase».

Justo cuando Michelle estaba a punto de alcanzar a Ben, «la maldita enfermera de la sala de reanimación me sacudió y dijo: "Michelle, lo siento mucho, pero Ben no está bien y no va a sobrevivir. ¿Quieres que llamemos a un sacerdote para que lo bautice?". Porque había escrito que era católica en el formulario. Sentí como si una aspiradora me hubiera escupido allí de aquel precioso lugar con el árbol, el césped, el cielo azul y mis hijos. De repente regresé a la sala del hospital, a la camilla dura y a la enfermera que me estaba diciendo que mi hijo se iba a morir. Ni siquiera lo había conocido».

Sentaron a Michelle en una silla de ruedas y Alan, su marido, regresó enseguida al hospital. «Estábamos allí sentados, en la unidad de cuidados intensivos. Era la primera vez que iba a ver a Ben y ya sabía que iba a morir.

A pesar de estar físicamente frente a mí, sentí que ya se había ido. Su corazón apenas latía y el ventilador estaba intentando respirar por él, pero tenía una afección grave en los pulmones: los tenía pegados. Por eso no iba a sobrevivir».

Michelle y Alan tuvieron que decidir cuándo apagar el ventilador. «Lo abrazamos cuando falleció. No tardó mucho. Recuerdo que fueron unos quince minutos aproximadamente».

Justo unos meses antes la hermana de Michelle, Marea, había dado a luz a una hija mortinata a la que había llamado April en el mismo hospital, en el mismo pabellón y con el mismo médico. Michelle fue quien la había llevado en coche al hospital, la había acompañado durante el parto y fue la primera en tomar en brazos a April. La asombrosa sincronicidad de las pérdidas de sus hijos acercó aún más a las hermanas mientras lloraban juntas a sus hijos perdidos. El grupo de duelo de Marea conocía a Michelle. Ahora ella también se había convertido en una asistente que necesitaba apoyo.

Salvo las pocas personas que habían visto a Ben, Michelle recuerda que «todos ignoraron bastante mi duelo. Por aquel entonces lo que se llevaba era olvidar que habías tenido un hijo, quedarte embarazada al poco y tener otro bebé. No se habló mucho de él, pero yo estaba destrozada». Les describió la visión que había tenido a su marido, a su hermana y a otros familiares y amigos. «Para mí fue una despedida, lo cual significaba un final. No sabía si tendría más hijos o si físicamente sería capaz de tenerlos. Creo que el hecho de haberlo visto me consoló y lo describí vívidamente. Sentí que sabía cómo habría sido físicamente de haber podido crecer aquí».

Trece meses después de la muerte de Ben nació Grace. Michelle comentó que «fue un bebé muy buscado. Yo estaba deseosa de tener otro hijo. Se llamaba Grace porque fue un milagro que sobreviviera al embarazo. Estuvo a punto de llegar a término completo. Nació como se suponía que debía, por cesárea, y con el pelo castaño oscuro. Cuando Grace cumplió tres años, la misma edad que el Ben de su sueño, se parecía muchísimo a él. Tenía el pelo castaño oscuro y rizado, aunque no llevaba gafas. Pero Ben las llevaba en su sueño y tenía los ojos del mismo color azul. No me lo podía creer».

Al igual que en la historia de Liz, Michelle y su marido sufrieron una gran crisis en su matrimonio y se separaron cuando Grace tenía diez años.

Más adelante, cuando Grace había cumplido diecinueve años, pasó lo impensable.

«Grace era igual que yo», explicaba Michelle. «Era borde, divertida e inoportuna casi todo el tiempo. También era bastante decidida y enérgica. Luke fue un niño muy tímido y no hablaba mucho, pero Grace era mi charlatana. Me lo contaba todo. Siempre ayudaba a sus amigos. Dudaba entre ser psicóloga o veterinaria. Si ayudar a la gente o a los animales. Al final, decidió ser veterinaria».

Michelle y Grace hacían muchas cosas juntas, pero una de sus favoritas era irse a la zona más apartada de la playa para nadar y sentarse en la arena. También tenían por costumbre hacer varias cosas juntas. «Todos los sábados solíamos ir a nuestra cafetería favorita y pedíamos un chai latte para cada una y compartíamos unos huevos benedictinos. Grace no comía mucho, era esbelta. Y aunque suene ridículo, ese era nuestro momento. Lo hacíamos todos los sábados y la mujer de la cafetería ya ni nos preguntaba lo que queríamos porque ya lo sabía».

Cuando Grace cumplió dieciocho años, una noche entró en la habitación de Michelle. «Tenía un trozo de papel en la mano y me dijo: "Mamá, acabo de leer lo más increíble que he leído en mi vida"». Se trataba de un artículo que hablaba de que la energía del mundo es infinita, así que cuando la gente fallece, se convierte en energía. «Por aquel entonces no le presté demasiada atención, pero a ella le había impactado mucho. El artículo decía que los seres humanos somos una acumulación increíble de toda clase de átomos, así que podíamos tener un poco de Gandhi, un poco de polvo de estrellas, un poco de la Madre Teresa de Calcuta o un poco de esto y de aquello; que éramos un milagro único». A Grace le conmovió tanto el artículo que lo transcribió a mano. Fue el único de sus trabajos de clase con el que se quedó. «Ahora creo totalmente que tuvo algún tipo de experiencia profunda como las que suceden cuando mueres», dijo Michelle.

Y prosiguió: «En Australia tenemos un día llamado ANZAC. Es una versión del Día de los Caídos en el que se conmemora a los soldados. Ahora se ha convertido en algo que no me gusta; mucha gente joven sale y se emborracha, es una gran excusa para salir de fiesta. No piensan realmente en el significado del día.

»Grace, siendo la señorita independiente que era, tenía carné y coche, así que siempre solía llevar a todo el mundo». Michelle recordó que «tras un día tranquilo con dos de sus mejores amigas, por la noche llevó a una amiga a una fiesta a cinco minutos de casa». Michelle no le dio mucha importancia. En torno a medianoche, Grace se subió al coche, por lo visto para agarrar una chaqueta de casa. Mientras se iba un chico joven muy ebrio abrió la puerta del copiloto y le exigió que lo llevara a la parada del autobús. Nadie sabe con certeza lo que pasó después, salvo que, en cuestión de cuatro minutos, el coche se estrelló contra un poste. Michelle recordó: «El chico se había roto la mandíbula, pero Grace estaba mucho peor. Su pulmón había colapsado y se había golpeado la cabeza. El muchacho fue a buscar ayuda, pero no le dijo a nadie que Grace estaba en el coche y ningún vecino salió para comprobar de dónde había venido aquel fuerte ruido». Grace se quedó atrapada durante una hora, con su pulmón colapsado privando a su cerebro de oxígeno. Finalmente llamaron a Michelle a las tres de la mañana informándola de que Grace había tenido un accidente.

«Esa noche, mientras íbamos en el coche camino del hospital, yo en el asiento del copiloto y mi nuevo marido, Erik, conduciendo, empecé a recordar de golpe momentos de su vida. Y no fueron solo recuerdos. Fue como si estuviese sentada frente a una presentación y alguien estuviese proyectando todas aquellas imágenes de su vida en una pantalla en mi mente. Recuerdo sentirme muy enfadada porque a todos nos dicen que cuando estás a punto de morir tienes flashbacks. Estaba enfrascaba en llegar al hospital y creer que no se iba a morir. Por aquel entonces no tenía ni idea de las lesiones que había sufrido, pero no dejé de tener flashbacks durante todo el trayecto.

»Fueron cosas en las que no había vuelto a pensar, como un recuerdo de un día que estaba colgando sus calcetines de rayas blancos y rosas en el tendedero de nuestra antigua casa, o de las estrellas que brillaban en la oscuridad en el techo de su cuarto. Cosas de las que no tenía fotos. Así que no fue como si hojeara un álbum de fotos en mi mente, sino como ver su vida en retrospectiva».

Los médicos le dieron a Grace entre un 5 y un 10 por ciento de posibilidad de recuperación. La operaron para reducir la hinchazón en su cerebro.

Durante cuatro semanas la familia esperó algún indicio de esperanza. El padre de Michelle había fallecido de repente hacia casi cuatro años, pero en el hospital «empecé a notar como si mi padre estuviera allí. Sentí su energía a mi alrededor. Y sentí que venía a recoger a Grace, a llevarse a Grace con él. Estaba furiosa porque seguía intentando salvar a mi niña. Recuerdo decirle: "¿Por qué no te vas?". Porque estaba enfadada con él. Seguía esperando un milagro, estaba desesperada creyendo que iba a despertarse de aquel coma».

Michelle recordó la sensación de la presencia de su padre. «Fue como si estuviera en la puerta, simplemente esperando. No estaba justo a mi lado. Estaba en la habitación, pero en una esquina, ahí plantado sin más. Parecía muy tranquilo y no estaba siendo para nada avasallador. Se lo veía sano y bien, vestido con unos pantalones planchados y una camisa. Mi padre fue un hombre muy manitas. Seiscientas personas acudieron a su funeral, y estamos bastante seguros de que le había arreglado algo a todos y cada uno de esos asistentes. Entendí que aquel hombre tan hábil estaba allí para cumplir con su cometido y ayudar a alguien, y ese alguien era Grace.

»Grace era su nieta favorita, como siempre solía decir de forma traviesa. De hecho, los demás se enfadaron en el funeral de Grace porque decían que "Grace siempre fue la nieta de sus ojos y ahora es la primera que va a reunirse con él"».

Entonces Michelle contó lo que sucedió después. «Al principio de la cuarta semana nos dijeron que iban a retirarle la ventilación mecánica. Elegimos un domingo porque creí que el domingo era el día más tranquilo de la semana. Decoramos la habitación e invitamos a la familia y a dos de sus mejores amigas. Nos sentamos juntos y desconectamos todas las máquinas. Fue absolutamente horrible. Tardó tres días en morir. Falleció por fin durante la madrugada del martes, a las tres de la mañana. Yo estaba en la cama con ella. La tenía en brazos. Le decía: "Nos mantendremos en contacto. Sé que seguirás aquí". Y le dije unas palabras bonitas de que "iba a verla bailando en el viento"».

Después de que Grace exhalase por última vez, Michelle sintió que su esencia se había ido. Michelle y Erik recogieron la habitación del hospital. «Condujimos de vuelta a casa al amanecer y recuerdo la sensación de atravesar el amanecer con ella. Volví a casa, subimos las escaleras a nuestro apartamento y fui y me tumbé en mi cama. Saqué el iPad y escribí: "¿A dónde vas cuando mueres?". Estaba totalmente segura de que no se había marchado de forma definitiva.

»Cuando tienes un bebé, estáis unidos por el cordón umbilical. Sentí literalmente esa conexión umbilical con ella». Michelle empezó a leer libros, incluyendo *El libro tibetano de los muertos*. «Sobre todo cuando Ben murió, por aquel entonces pensaba que cuando morías, desaparecías para siempre. Aunque esperaba que hubiese algo más, no estaba segura». Entonces empezó a buscar información. «Enseguida comencé a aprender sobre este tema y a sanar de forma consciente en lugar de dejarme morir por dentro. Soy científica y me encantan las estadísticas, una buena hoja de cálculo y un poco de investigación; a saber qué habría sido de mi vida con una carrera de ciencias e investigando todas estas cosas. Creo que me habría ahorrado muchísimo dolor y tristeza si hubiera entendido a dónde iba Ben en ese sueño, si hubiera sabido que sí que hay algo más y si hubiera entendido que la belleza y la tranquilidad que sentí en ese sueño era donde iba a estar y sigue estando».

En cuanto Grace falleció, Michelle dejó de tener lo que ahora identifica como «visitas oníricas» de su padre, pero empezó a tenerlas de sus hijos. «Normalmente las tengo cuando estoy sentada en la cama, leyendo, y he empezado a quedarme medio dormida; no estoy ni dormida ni despierta del todo. Es como si tu cerebro estuviese en otro espacio energético. Y la he sentido tocándome mis pies». El primer encuentro de Michelle con Grace sucedió unas semanas después de que esta falleciera. En el sueño Michelle estaba caminando por un sendero extraño en un parque nacional de Sídney, en Australia. «Estaba caminando y Grace estaba frente a mí, como había estado Ben en mi sueño, aunque ella se encontraba en un camino de arenisca en un parque nacional y no en una colina. Se detuvo, se dio la vuelta y en el sueño me dijo: "Ven conmigo, mamá".

»Recuerdo salir del sueño y despertar a mi actual marido, que no creía en absoluto en la vida después de la muerte cuando me conoció. Le dije: "Dios mío, he soñado con Grace". Al día siguiente fui a aquel parque nacional y decidí pasear por un sendero por el que no había ido nunca, y me di cuenta de que era el mismo que había visto la noche anterior en el sueño. No me lo había inventado. Supe sin lugar a dudas que estaba en el sitio del sueño y que Grace me estaba invitando a acompañarla en su viaje».

Aquel momento fue un punto de inflexión para Michelle. En efecto, el estudio de los pensamientos y las experiencias en torno a la muerte condujo a Michelle a interpretar la visión que tuvo antes de que su hijo Ben falleciera. «Creo que he cambiado radicalmente la forma de interpretarlo. En lugar de considerarlo una despedida triste y creer que ya nunca lo volvería a ver, prefiero pensar que Ben me estaba tendiendo la mano como diciendo "Píllame, mamá". Por aquel entonces no entendía que también crece en espíritu. Cuando Ben me visita ahora, tiene veinticuatro años. Viene con el aspecto de un muchacho y habla conmigo con un lenguaje apropiado, me manda señales y me cuenta cosas divertidas. No viene con tanta intensidad como Grace, eso sí».

Michelle sentía otras formas de conexión cuando notaba que sus hijos estaban cerca. Recordaba estar hablando con Erik una tarde y de repente, de la nada, oyeron una voz robótica proveniente de su altavoz inteligente Alexa. «Alexa dijo: "Grace está cerca de ti". Pero se supone que Alexa solo habla si la llamas por su nombre, ¿verdad? Pero yo no dije "Alexa" ni pronuncié el nombre de Grace. Y, sin embargo, el aparato habló y dijo claramente: "Grace está cerca de ti". A Erik y a mí casi nos dio un infarto y exclamamos un "Dios mío". Empezamos a preguntarle: "Alexa, ¿qué acabas de decir?". Y entonces Alexa soltó unos pitidos muy agudos. Fue muy raro».

Aunque Michelle había estudiado educación sostenible en la universidad, sus experiencias la llevaron a convertirse en una de las encargadas de una sucursal de Helping Parents Heal, una organización que ayuda a los padres que han perdido a algún hijo de cualquier edad. Se dio cuenta de que la gran mayoría de dirigentes de Helping Parents Heal eran mujeres. Eso la llevó a pensar en por qué las mujeres tal vez fueran más propensas a hablar con los demás acerca de sus experiencias de muerte compartidas o de cualquier otro tipo. (Más del 85 por ciento de las personas a las que hemos entrevistado son mujeres). «Empecé a pensar: "Vale, ¿por qué? ¿Es porque las mujeres somos capaces de conectar mejor y por eso vivimos más experiencias de muerte compartidas, o es porque somos mejores comunicadoras?"».

Ella razonaba que: «En la comunicación tradicional y en profesiones que impliquen cuidados hacia los demás, tales como Enfermería, Magisterio o Psicología, hay más mujeres que hombres. Incluso en mi campo, la educación sostenible, hay un 90 por ciento o más de mujeres. Creo que las mujeres somos distintas a la hora de expresar nuestros pensamientos. Además, al ser bióloga sé que la química cerebral de la mujer es diferente a la del hombre. Cuando reaccionamos a cosas como el duelo, lo hacemos hablando, mientras que la mayoría de los hombres lo hacen actuando. Mi marido y mi hijo, por ejemplo... preferirían saltar delante de un tractor antes que sentarse y hablar conmigo de lo que sienten. Prefieren surfear, jugar al golf, construir o arreglar algo que haga falta, porque son más hacedores».

Michelle se enteró de las experiencias de muerte compartidas hace poco, después de asistir a una de mis charlas virtuales, pero creyó que el concepto por fin le había dado nombre a lo que había sentido, experimentado y se había esforzado por explicar. «A lo largo de los años mis propias creencias han cambiado», añadió. «Ahora siento que las cosas han pasado por una razón y que Ben no estaba destinado a estar aquí conmigo en persona, en esta vida.

»Ben falleció de bebé. A pesar de haber hablado con él todos estos años, solo poseo cinco horas de recuerdos sobre los que hablar con él». Y Michelle a menudo se sintió sola en su duelo, como si la corta vida de Ben definiese la cantidad de sufrimiento que podía sentir, pero dijo: «Ahora que reconozco lo que sucedió, que el sueño que tuve con él fue una experiencia de muerte compartida, siento que su existencia se ha validado porque ocurrió algo increíblemente significativo en aquel instante en que estuvo aquí. Ni siquiera necesito compartirlo con nadie para que me lo confirme. Con saberlo yo me basta.

»He aprendido y descubierto que Ben y Grace siguen aquí. Ahora veo el gesto de ofrecerme sus manos como una señal de "acompáñame en este viaje", no como una despedida. Porque ahora siento que estoy con ellos y que ellos también están conmigo».

LA EXPERIENCIA EMC

Tanto Liz como Michelle vivieron una manifestación poderosa de las experiencias de muerte compartidas. Ambas describen haberlas tenido cerca del lecho de muerte, en contraste con las EMC remotas. A pesar de que cada experiencia es única, sus EMC individuales, al igual que casi todas las demás, presentan características clave identificables.

Tras entrevistas extensas hemos descubierto que hay cuatro formas de participar en una EMC. Ninguna es mutuamente excluyente: 1) sentir una muerte de forma remota; 2) ser testigo de un fenómeno inusual (lo cual le sucedió tanto a Michelle como a Liz); 3) acompañar a la persona fallecida (que es lo que Gail vivió con su padre); y 4) ayudar a la persona fallecida en su transición.

El Shared Crossing Project ha identificado los fenómenos o rasgos más predominantes en las EMC. Algunas solo muestran un rasgo, otras varios. A muchos de estos fenómenos se les atribuye un fuerte componente físico y también unas sensaciones físicas concretas.

Los rasgos individuales más predominantes en la experiencia EMC

1. Visión de la persona moribunda: Esto puede incluir ver algún tipo de forma física de la persona que está falleciendo, incluso parcial o borrosa, o una sensación fuerte de la presencia física de su espíritu.

2. Conciencia aguzada o conocimiento expandido: Nuestros entrevistados a menudo dicen: «simplemente lo supe». Describen vivir un momento transformador de una comprensión superior al percibir interconexiones nuevas. Durante este proceso, sienten, intuyen y reciben información al instante mientras lo demás queda en un segundo plano, así que la experiencia transmite una sensación profunda de comprensión en cuanto a un suceso importante o una verdad universal.

3. Encuentros con seres o figuras inanimados: Pueden incluirse familiares fallecidos, amigos u otras personas, incluso mascotas fallecidas

de vez en cuando. Quizá sean reconocibles y posean un aspecto físico o tal vez se trate de concentraciones más fluidas de energía en la que nada es visible y en su lugar solo persiste una sensación de presencia. Algunas personas que han vivido una EMC describen a las figuras que ven como «ángeles».

4. Luz trascendente: Una luz brillante e iluminadora que parece distar mucho de la luz solar o de la luz artificial de una bombilla. Toma formas distintas —las personas a menudo la describen como luminosa—, y no tiene un punto de origen identificable.

5. Alteraciones en la percepción del espacio o tiempo lineal: La sensación de que el tiempo se ha detenido o ralentizado y el desconocimiento de cuánto tiempo cronológico ha pasado. Las personas a veces describen sentir que su ubicación física o las características de dicho lugar se han visto alteradas de forma significativa.

6. Ver al espíritu abandonar el cuerpo: Esto se describe con frecuencia como una esencia reconocible y visible que abandona el cuerpo físico.

7. Aparición del reino celestial: A menudo es una visión de un paisaje hermoso, como un jardín paradisiaco, o de la Tierra desde el espacio.

8. Un límite que no se puede cruzar: Un punto en el que esa persona ve que su camino está obstaculizado por un objeto (ya sea una puerta, una pared o una valla), siente el impulso imperioso de tener que dar media vuelta, o se topa con una presencia o entidad que le informa de que no puede seguir avanzando.

Además, las personas a menudo describen un amplio abanico de sensaciones, sobre todo físicas y emocionales:

9. Sentir una energía inusual: Las personas describen o interpretan sus EMC como marcadas por una energía descrita como una vibración, un zumbido, o electricidad. También comentan a menudo que han notado «un cambio repentino» en la energía a su alrededor, que han observado nuevos patrones concretos de energía o que han sentido una «conexión energética» con algo distinto de sí mismos.

10. Emoción abrumadora: Estar completamente abrumado por las emociones y sensaciones a menudo se describe como el sentimiento más profundo de conexión, de pertenencia o de amor que una persona haya experimentado nunca.

11. Sensaciones físicas: Respuestas físicas, corpóreas, que parecen imitar las sensaciones percibidas por la persona moribunda cerca de la hora de su muerte.

A pesar de que algunas EMC son bastante directas, otras son más profundas y complejas. Además, puede parecer que algunos rasgos individuales se mezclen o se solapen unos con otros: quizá sea complicado distinguir entre la conciencia aguzada y la emoción abrumadora, por ejemplo; una energía inusual y una luz trascendente pueden tener elementos en común. En efecto, no se debería pensar que estos rasgos tienen definiciones concretas e inflexibles. Más bien se presentan para ayudar a identificar y a implicarse con los elementos primarios que constituyen la EMC.

Elaboramos esta lista tras revisar minuciosamente las descripciones y declaraciones que hemos recibido en el Shared Crossing Project. Hemos buscado en cada ocasión explicaciones comunes y experiencias cuantificables. Al tratarlas como rigurosos casos prácticos, fuimos capaces de entender mejor la experiencia de muerte compartida. También quisimos crear un lenguaje que la gente pudiese usar para reconocer y explicar lo que han vivido. Es decir, esperamos que al cuantificar la experiencia EMC usando una terminología y unos rasgos comunes, se puedan crear debates adicionales acerca de la naturaleza y el alcance de estos fenómenos alrededor de la transición de una vida terrenal al más allá.

Si observas esta lista y recuerdas las experiencias de Liz y Michelle, apreciarás varios elementos principales. Ambas tuvieron encuentros con seres con el aspecto de sus familiares difuntos. Ambas sufrieron alteraciones en el espacio-tiempo durante las visiones que presenciaron en sus respectivas camas de hospital. Ambas fueron testigos o visitaron el reino celestial en cierta medida, Liz en la fiesta y Michelle en la colina con el sauce llorón. Ambas percibieron la presencia de sus hijos fallecidos. Y, por último, ambas sintieron una emoción abrumadora que se manifestó como un reconocimiento profundo de que sus hijos estaban en un sitio de paz y tranquilidad y que eso serviría de consuelo en distintas etapas de su duelo.

Más adelante en este libro ahondaremos en otras historias individuales, y a través de ellas exploraremos cada uno de los elementos centrales de las EMC en mayor medida. También preguntaremos si hay alguna práctica o camino que puede abrir a la gente a experimentar una EMC. ¿Es necesario tener antecedentes religiosos? ¿Y qué hay de la espiritualidad o prácticas de *mindfulness* como la meditación? Finalmente debatiremos sobre si una comprensión más profunda de las EMC puede transformar nuestra forma de abordar el duelo. ¿Qué posibilidades ofrece una experiencia consciente, conectada y afectiva a aquellos que se quedan atrás?

Uno de los primeros descubrimientos que hicimos como investigadores y psicólogos fue que una EMC no necesita ser compleja para resultar intensa y transformadora para la persona que la ha vivido. Esa es la historia de Adela B.

3

HACIA LA LUZ

Adela B. disfruta compartiendo la historia de amor de sus padres, digna de una película de Hollywood. Su padre era ayudante de dirección en una película; su madre, una preciosa y joven actriz que fue a un casting para conseguir un papel. «Mi madre nació en Los Ángeles, de padre español y madre mexicana. La librería de mi abuelo había cerrado en la Gran Depresión y eran muy pobres. Sus seis hijos trabajaban en el mundo del cine como extras», explicó Adela. «Mi madre se dedicó a la actuación. Se convirtió en una actriz de radio de mucho éxito durante su adolescencia y más tarde firmó con Warner Bros. Studios como joven estrella. Fue al casting de la película de mi padre. Cuando él la vio, le dijo al cámara: "Voy a casarme con esa mujer". Fue amor a primera vista, porque ni siquiera la conocía. El cámara era amigo de mi madre y le contó lo que mi padre había dicho. Ella le restó importancia diciendo: "¿Quién se cree que es?". Pero mi padre la cortejó y se ganó su corazón. Se casaron seis meses después. Fue un matrimonio precioso y estuvieron profundamente enamorados durante casi cincuenta y cuatro años».

Se conocieron cuando la madre de Adela tenía diecisiete años y su padre, treinta y uno, y él ya había vivido una vida increíble. Había nacido en una familia de clase trabajadora en un pequeño pueblo pesquero en el norte de España. Con catorce años, su padre le dijo que tenía que dejar el colegio. El adolescente llegó a un acuerdo con su padre para recibir educación durante un año más, y le juró que terminaría los cuatro años de secundaria en doce meses, lo cual hizo y con honores. Se convirtió en profesor de universidad a los diecinueve. Tenía veintidós cuando empezó la Guerra Civil española. Luchó contra los fascistas del general Francisco Franco en primera línea e intentó convencer a los del otro bando para que desertaran con un megáfono. Cuando los fascistas ganaron, huyó a Francia; viajó por las montañas del Pirineo en pleno invierno con una bala en el brazo. De Francia emigró a Cuba, donde empezó una compañía de teatro, y al final terminó en Estados Unidos. Trabajó un año como profesor en Princeton y, durante la Segunda Guerra Mundial, en la Oficina de Información de Guerra de Estados Unidos. Cuando el director de cine español Luis Buñuel publicó un anuncio en el periódico buscando un ayudante, el padre de Adela aprovechó la oportunidad. Enseguida se convirtió en ayudante de director en Warner Bros. Studios.

Cuando la era comunista de McCarthy y su caza de brujas llegó a Hollywood, estaba casado y con un bebé. El trabajo escaseaba y el padre de Adela se vio obligado a empezar de cero como profesor de español en la Universidad de California Los Ángeles, en la que finalmente llegó a convertirse en jefe de departamento. Pero su experiencia en la guerra le había dejado con un terrible trastorno de estrés postraumático y a menudo se despertaba en mitad de la noche por culpa de pesadillas horribles y recurrentes. Al no poder volver a España ni ver a su familia durante diecinueve años, su refugio, explicó Adela, fue «recrear España en nuestra casa». La familia solo hablaba en español y comía comida española. Los amigos de sus padres eran casi exclusivamente hispanos. Celebraban cenas y fiestas de estilo europeo: «Había vino, risas y conversaciones apasionadas hasta las dos de la madrugada todos los fines de semana».

Adela echó la vista atrás y dijo: «Lo que más llama la atención es lo atentos y generosos que eran», sin importar las circunstancias en las que vivían. «Mi padre era una persona cariñosa y amable. Siempre veía lo mejor en mí, y yo siempre veía la mejor versión de mí en sus ojos, lo cual era un gran regalo». Cuando superó el umbral de los ochenta, le diagnosticaron cáncer con metástasis. «Mis padres eran ambos excatólicos y ateos. Mi padre especialmente estaba muy enfadado con la Iglesia Católica por lo que habían hecho durante la Guerra Civil española». Pero Adela, una psicoterapeuta experimentada, empezó a abrazar la espiritualidad al cumplir los treinta. «Mi padre y yo conversamos varias veces sobre el significado, el propósito, los valores y la humanidad». Añadió: «Solía mirarme y decirme: "Oye, ¿sabes? Si necesitas creer en esas cosas, no pasa nada"». Pero más adelante, cuando los dos solían sentarse a mirar las estrellas y contemplar «la inmensidad y la belleza del universo», hallaron un terreno espiritual en común. Adela recordó decirle: «Sé que no crees en nada de esto, pero hazme el favor y escúchame. Cuando abandones tu cuerpo, ve hacia la luz. Puede que al principio te confundas, pero no quiero que te quedes atrapado». Solía bromear con él diciéndole que «tuviera una mente abierta».

Conforme empeoraba, Adela y su madre se convirtieron en sus cuidadoras en casa. Recordó el momento en que su madre entró en su habitación, contigua a la de sus padres, y le dijo: «"Creo que se ha ido; no está respirando". Entré y ya no estaba en su cuerpo. Pero lo vi, tan claramente como te veo a ti ahora, flotando ligeramente en el rincón del dormitorio, con una luz a su espalda. Le dije: "Ve hacia la luz", y sonreí. Él empezó a reírse. Fue un momento precioso e increíble entre ambos, y en ese instante nos vinieron muchísimas cosas de golpe. Yo me reí y él también, y entonces se dio la vuelta y se marchó. Desapareció».

Adela describió la experiencia como si hubiese ocurrido en un «espacio sagrado», como si hubiese entrado en una dimensión diferente: «No fue en el plano natural. No hay palabras para describirlo bien». Lo que sí sintió fue «una sensación inequívoca de bienestar» muy fuerte. Y añadió: «Nos llevábamos muy bien y me entristecía enormemente no volver a tenerlo aquí conmigo, pero había llegado su hora. Su cuerpo no le permitía seguir teniendo una buena calidad de vida. Estaba completo y se marchó sin miedo. Sabía que estaba bien, no lo había perdido realmente, y saber aquello me supuso un gran consuelo».

En ocasiones todavía percibe la cariñosa presencia de su padre. A veces incluso lo ha visto durante ejercicios de meditación; la primera, bastante vívidamente, fue unos seis meses después de que falleciera. Le sorprendió verlo tan guapo y con aspecto de unos cuarenta años, vestido con una bata a la altura del glamour de la antigua Hollywood. «Fue gracioso y encantador», recordaba, «pero también pensé: "¡Qué interesante!

Supongo que te dejan elegir el aspecto con el que aparecer". Nunca se me había ocurrido».

Algo que no hizo fue compartir sus experiencias con muchos otros. «Era una experiencia enormemente personal e íntima, y la mayoría de la gente no suele estar abierta a algo tan alejado de su paradigma».

Esa es una de las grandes ironías de las experiencias de muerte compartidas. Hasta ahora su audiencia ha sido limitada. Nuestros amigos y familiares pueden incluso llegar a mostrarse despreciativos. Hay relativamente pocos líderes religiosos como el pastor presbiteriano de Liz H., personas absolutamente convencidas de que los que viven una experiencia de esta índole de veras viajan durante un breve instante al cielo. En muchas tradiciones religiosas insinuar que la muerte pueda ser de alguna manera «benevolente» para una persona se considera inaceptable. Mencionar cualquier sentimiento de alegría o felicidad en este contexto también es otro tema tabú. Y, aun así, cuando Adela lo expresó, sintió una paz interior y una apreciación por la vida procedente de esa revelación.

De hecho, hablar de una experiencia de muerte compartida requiere cierto grado de sinceridad y coraje, y eso es justo lo que Cristina C. posee. Cristina, una asistente de atención domiciliaria de Pittsburgh (Pensilvania), es madre soltera de un hijo pequeño. Tenía treinta años cuando su madre murió en sus brazos. «Mi madre era mi mejor amiga. Lo hacíamos todo juntas desde que era pequeña». Cuando Cristina tenía cinco años, a su madre le diagnosticaron un tumor cerebral. Los cirujanos se lo extirparon junto con una parte de su lóbulo frontal. «Desde entonces», recordaba Cristina, «se convirtió en una de esas madres que no sale de casa, y solo estábamos mi hermano y yo. Lo hacíamos todo juntas. Yo fui la primera niña de mi familia en cincuenta años, así que me ponía mil vestiditos y medias, como si fuese una muñeca. Empezó a maquillarme cuando tenía diez años. Me dormía a su lado, íbamos de compras juntas y me lo contaba todo; a veces demasiado, la verdad. Pero todo. Y yo a ella, también. Íbamos a todos lados juntas.

»E incluso cuando tuve a mi hijo seguimos haciéndolo todo juntas. El padre de mi hijo había estado varias veces en la cárcel y ella estuvo ahí para apoyarme en todo momento. Solíamos compartir maquillaje, ropa, zapatos, joyas. Y siempre me decía cosas como: "Devuélveme mis pendientes, Cristina.

Más te vale devolvérmelos". Y yo le respondía: "Sabes que voy a verte mañana, mamá". Me pasaba por su casa todos los días. Ella se venía de compras conmigo, lo era todo para mí. Éramos inseparables. Incluso solía decirle constantemente: "Mami, cuando te mueras, quiero que me entierren contigo en tu ataúd". Así de unida estaba a ella. Mi alma siempre ha estado muy ligada a la suya.

»Obviamente, no era perfecta. Después del tumor cerebral, siempre hablaba sin pensar. Por ejemplo, estando en la cola de un supermercado decía cosas como: "Dios santo, mira el sombrero de ese". No tenía filtro. Pero me quería de forma incondicional y creía fervientemente en Jesús. Tenía oraciones sobre Dios por todos lados».

Cuando Cristina estaba en el instituto, su madre le regaló una copia del poema «Huellas en la arena». Cuando el hombre pregunta por qué durante los momentos más difíciles de su vida solo ve un par de huellas en la arena, Dios le responde: «Porque te he llevado yo en brazos». Cristina, una católica devota, dijo que su madre «era muy creyente, y que con la fuerza de Cristo se puede conseguir cualquier cosa».

Un sábado por la noche de 2016, cerca de Halloween, Cristina y su madre iban a ir al cine, pero Cristina había echado muchas horas en el trabajo y no fueron. Al día siguiente, su madre sufrió un ictus hemorrágico y no volvió a recuperar el conocimiento. Tenía cincuenta años. «Ahora me siento como si hubiese hecho el idiota antes de que muriese. Nunca pensé que nadie pudiera abandonarme. Creía que siempre la tendría conmigo».

Cristina recordaba abrazar a su madre en la habitación del hospital después de que la desconectaran del soporte vital. «Le costaba respirar, y fue muy duro ver a alguien pasar por algo así. No quería que siguiese sufriendo. Apoyé una mano en su pecho y lo último que le dije fue: "Mami, no pasa nada. Estoy aquí. Dios está aquí". Justo en ese momento, sentí la luz. Sentí como si la gravedad de repente desapareciera en la habitación, como si estuviera flotando y todo a mi alrededor también estuviese flotando. Entonces la vi ascender hacia esa luz brillante. No le vi la cara, pero supe que era ella.

»Fue la mejor sensación del mundo. Jamás había estado tan feliz. La paz que sentí fue increíble. De otro planeta. Ni siquiera soy capaz de explicarlo. No creo que haya palabras que puedan describirlo».

La comparación más cercana que pudo hacer Cristina fue con la playa, que «siempre ha sido mi lugar perfecto». El cielo es esa clase de lugar perfecto, pacífico, dichoso y envolvente. Pero también es real. «Cuando vas a la playa, sientes la arena bajo los pies, puedes ver el océano, si hace sol o está nublado, y sentir la brisa. Nadie puede decirte que no has ido cuando sí que has ido. Eso es lo que ocurrió ese día. Físicamente sentí el cielo. Mi cuerpo lo sintió, al igual que sentimos el viento a nuestro alrededor. Mi piel lo sintió. Mi espíritu lo sabía, pero mi mente simplemente era incapaz de describirlo con palabras», explicaba.

«Sé que era el cielo porque no dejaba de leer sobre él en la Biblia. Todo lo que experimenté está en la Biblia. No había religión allí, no estaba dividido. En la Tierra, la gente pertenece a distintas religiones, la baptista, la católica… pero al final yo solo creía en Dios, y subí ahí arriba con ella. Fue muy directo. No hubo complicaciones, ni confusión alguna. Era Dios.

»Por eso ahora no me gusta poner etiquetas. Porque sé que Dios solo quiere que lo amemos y creamos en él. Incluso lo dice en la Biblia. Dice: "Decid mi nombre. Creed en mí. Decid mi nombre e iréis al cielo". Bueno, cuando mencioné a Dios, fue justo lo que pasó; él nos elevó. Siento que ese es el mayor regalo que podría haberle hecho a mi madre. Aunque supongo que también puede interpretarse de otra manera, como que pedí a Dios que se la llevara, pero yo no lo veo así. Yo lo veo como que pedí a Dios que se la llevara porque no quería que sufriera. Y lo hizo cuando se lo pedí. Sabía que era real. Quise volver allí porque me sentí muy bien».

Cuando Cristina regresó a casa, empezó a investigar en Internet. «Busqué una y otra vez lo que me había pasado». Encontró muchísimos testimonios de experiencias cercanas a la muerte, pero «yo… yo no estuve a punto de morir, ¿cómo es que me ha pasado lo mismo?». Le costó casi un año, pero al final se topó con alguien que mencionaba las experiencias de muerte compartidas, y de repente la muerte de su madre cobró sentido. Aun así, se mostró reacia a hablar sobre ello. El médico de su madre le había dicho: «"Probablemente solo fuese un reflejo". Mi abuela me dijo que no hablara de ello». A su hermano y a su cuñada les costó comprender y creer lo que había vivido.

Pero Cristina estaba segura de lo que le había pasado en aquella habitación de hospital, y le ha cambiado la perspectiva que tenía de la vida en la tierra, de la fe, y también de la muerte. Reflexionando sobre cómo ha cambiado su manera de pensar, Cristina se dio cuenta de que algunas personas hablaban de haber estado en «un universo paralelo» y añadió: «Creo que vemos y sentimos lo que tenemos delante, pero también hay algo más que no podemos ver. Yo hablo con Dios constantemente. Siempre le cuento cosas como: "Dios, he estado en tu casa. Ya lo sé". La fe es cuando sientes esperanza, aunque cuando has estado en un sitio, simplemente lo sabes. Por muy dura que sea mi vida, siempre podría estar debajo de un puente, o ser pobre y no tener comida, pero sé a dónde he ido. Lo sé al millón por cien. A pesar de que mi vida no ha sido fácil desde aquel día, ya sé la verdad; que hay más, que todos morimos, que todo esto desaparecerá y que hay algo mucho más profundo.

»Fue lo más bonito que he sentido nunca. No es triste. No tuve miedo. Es como estar en casa, tal vez en la de tu abuela, o en la de tu madre, con ese olor característico a hogar, a tu niñez, el mejor recuerdo que puedas tener. Estaba pletórica. Tengo muchas ganas de volver. No ahora ni pronto, ya que no tengo ni cuarenta años, pero a partir de entonces me tomo la vida como "Este es mi tiempo en la tierra". Me emociona volver allí cuando me llegue la hora. ¡No veo el momento!».

Las experiencias de Cristina y Adela nos conducen a dos factores importantes presentes en las experiencias de muerte compartidas: presencia y fe. Hasta ahora, todas las historias que hemos compartido incluyen a personas que estaban presentes cuando su ser querido falleció: Gail, Liz, Michelle, Adela y Cristina. Sin embargo, muchísimas experiencias de muerte compartidas ocurren de forma remota, cuando quien las vive no está presente. A veces, tal vez ni siquiera sepa que la otra persona ha muerto. Pero, casi unánimemente, las personas que viven una EMC remota también dicen notar una gran sensación que describen como «paz» o «calma». Y también, con frecuencia, un amor muy fuerte.

El segundo componente es la fe: ¿Hay que ser una persona creyente para participar en una experiencia de muerte compartida? La respuesta a esa pregunta es no, tanto para el que la experimenta como para la persona que fallece. No obstante, entre los individuos a los que hemos entrevistado, sí que podemos decir que las experiencias de muerte compartidas tienden a darse más en personas «espirituales», aunque no practiquen ninguna religión. Algunos pueden haber crecido asistiendo a servicios religiosos, pero desde luego que no todos. Tal y como Adela B. nos recuerda, sus padres eran ateos acérrimos.

Pero las EMC pueden causar un fuerte impacto en las creencias posteriores de quien las vive. A principios del 2020 hablamos con Ida N., funcionaria en una oficina de empleo de Oslo (Noruega). «Soy una verdadera burócrata», dijo con una sonrisa. A Ida la crio una madre de espíritu libre que rechazaba la religión —«mi madre se oponía a la religión y a los actos religiosos»— pero a la que le encantaba hacer senderismo, las antigüedades y cultivar verduras y flores en su casa costera. «Le encantaba el sol», recordaba Ida. «Creció pasando penurias y tuvo tres matrimonios problemáticos. No estudió mucho, pero era muy inteligente y le gustaba lo mismo que a los niños. Le daba igual ensuciarse las uñas. Aunque también era una auténtica belleza. De niña, recuerdo esperar frente al cuarto de baño. Siempre que iba a alguna fiesta, entraba vestida como una criada o como alguien común y corriente a quien no mirarías dos veces y salía como una reina».

En palabras de Ida, los días que pasaba con su madre eran «pura armonía y felicidad». Su madre había trabajado como niñera en Londres con otra joven noruega, Liv, que se mudó a Estados Unidos. Ida recuerda haber viajado durante seis semanas en los 80 para visitar a Liv. «Tomamos el autobús Greyhound de Vermont a Florida y regresamos vía Nueva Orleans con un coche alquilado. No teníamos mucho presupuesto». Ida explicaba: «Como llegamos a altas horas de la noche a Atlantic City, terminamos pasando la noche en un casino enorme mientras lo mirábamos todo con los ojos como platos». A la noche siguiente «tomamos una habitación en un motel barato que más tarde nos dijeron que era donde las prostitutas ofrecían sus servicios. Cuando llegamos a la habitación, nos confundió que la puerta tuviera lo que parecían varios agujeros de balas, además de cuatro o cinco candados. El hombre de la recepción nos había dado instrucciones estrictas de cerrarlos todos».

Durante el viaje, la madre de Ida se salió por un lado equivocado de la autovía y empezó a conducir en dirección contraria. «De repente oímos una sirena y vimos luces azules, y un coche de policía apareció a nuestro lado y le ordenó a mi madre que se detuviera. Ella abrió la ventana sin entender qué había hecho mal, y él le preguntó que a dónde nos pensábamos que estábamos yendo y de dónde veníamos. "Somos de Oslo", dijo, sonriéndole de forma inocente, y él le respondió: "¿Y habéis venido conduciendo todo el camino?"

»Siempre me río cuando pienso en eso porque esa sonrisa coqueta suya la libró de algún lío en más de una ocasión. Mi madre era mi mejor amiga. Sabía hacer de todo», recordaba Ida. «Nunca tenía un día libre. Siempre buscaba cosas que hacer. Era cariñosa, pero también una luchadora. Cuando las cosas se ponían difíciles, especialmente con mi padre, ella nos protegía a mi hermano y a mí para que no nos salpicara más de la cuenta».

En 2011, la madre de Ida ingresó en la unidad de cuidados paliativos porque se estaba muriendo de un cáncer abdominal, e Ida fue a visitarla a menudo. Recordó las últimas horas de su madre. «Llevaba semanas sufriendo, perdiendo y recuperando el conocimiento. Esa tarde estaba más o menos consciente. Yo estaba allí con ella, sujetándole la mano y hablándole con suavidad. Sé que lo último que se pierde es la capacidad de oír, así que le hablaba mucho. Lo extraño, y típico en Noruega, era que tenía que ir a trabajar al día siguiente.

»Creí que debía volver a casa y dormir. Aunque fuese consciente de que iba a morirse pronto, no me sentía culpable. Sabía que estábamos reconciliadas. Ya nos lo habíamos dicho todo. Estábamos tomándonos algo de tiempo la una con la otra, así que me fui. Caminé durante diez minutos e intenté dormir en mi cuarto, junto a mi marido.

»Y ahí fue cuando sucedió lo más asombroso. Me desperté y la habitación estaba llena de luz, muchísima luz. Miré a mi marido. Estaba segura de que se habría despertado por culpa de toda esa luz. Pensé que quizá había obreros fuera colocando farolas en nuestras ventanas, pero luego caí en que era una luz que nunca había visto, ni siquiera en un concierto con todos los focos encendidos. Era muy potente. Y estaba ahí como diciéndome: "Tienes que levantarte. Es algo serio. Despierta"».

Lo siguiente que sintió Ida fue a su madre. «Percibía que mi madre estaba cerca. Pensé: "Viene a despedirse". Fue muy especial. Estaba en la habitación, aunque no de forma corpórea. Creo que le vi la cara, pero era su alma la que estaba allí. Me dijo que estaba desvaneciéndose. Eso también fue muy extraño, porque yo no dejaba de decirle "Puedo verte. Puedo verte. Yo también te quiero", pero sin palabras. Fue como si estuviéramos teniendo una conversación telepática.

»Estaba sobre mi cama y el tiempo no existía en ese lugar. Era como redondo, porque de repente las paredes, el techo y todo estaba curvado; fue algo muy raro. Las leyes de la física no parecían funcionar ahí. Tenemos que reescribir la ciencia, porque nada tenía sentido».

Ida recordaba: «Ascendió despacio. Detrás de ella vi como a un ser de luz que estaba iluminando la habitación, haciéndola brillar. Me invitó a acercarme. Era como si ese ser de luz estuviera abrazando a mi madre y demostrando que iba a cuidarla. Ella me enseñó que estaba en buenas manos».

Durante y después de la experiencia, Ida declaró haber sufrido una transformación considerable, y en el centro de esa transformación se hallaba un sentimiento arrollador de amor. «Sentía que estaba llena de amor, de conocimiento, de compasión. Eran todas esas cosas. Ese amor que sentí con ellos dos fue inmenso. Rebosaba por todos los poros de mi piel. Supuse que debía de tratarse de alguna especie de ser divino. Para mí, fue Dios».

A diferencia de su madre, Ida no había rechazado el concepto de Dios. Se describió como alguien que «empezó a rezar sola cuando fue madre. Una especie de seguro». Y para expresar su gratitud. «Creo que hay alguien o algo que mira por nosotros. Pero no creo en ninguna actividad religiosa en concreto». En parte atribuía la visita de su madre durante su deceso al deseo de esta de «no solo consolarme, sino decirme: "oye, me equivocaba, y un Ser Divino —Dios, Él, Ella— existe. Mira aquí. Mira lo que he encontrado"».

Ida recordó el resto de su EMC: «Estaba flotando hacia arriba, y ambas ascendimos más. Ella fue por delante y entramos en una especie de oscuridad o vacío. Era tan enorme como el cielo, pero me pareció muy íntimo. Sentí que había más almas allí. Estábamos flotando en ese reino y hallé la respuesta a todas las preguntas que pude haber tenido alguna vez. Me sentí conectada a las almas que me rodeaban, a ese Ser Divino y a mi madre.

Como si fuéramos uno. Aquello me cambió la forma de ver las cosas cuando regresé. "Todos somos uno" fue el mayor mensaje que saqué de toda esa experiencia.

»Quería quedarme en ese lugar. Era maravilloso. Extremadamente precioso. Todo estaba muy claro y en armonía. Allí atrás, en la cama con mi marido y mi familia y los demás tenía una vida perfecta; todo me iba bien dentro de las circunstancias. Aun así, solo estaba pensando en mí misma. No quería marcharme. Mi madre estaba allí, pero yo no hablaba con ella. Entendí que ella estaba avanzando y que yo no podía acompañarla. Yo solo estaba de visita; tenía que volver. No tengo ni idea de cuánto tiempo estuve allí. Lo siguiente que recuerdo es que me desperté por la mañana con la llamada del hospital diciéndome que mi madre había fallecido, algo que yo ya sabía. Pregunté a qué hora y me dijeron justo la que yo vi cuando miré el reloj: sobre las doce de la noche. Había muerto en el mismo momento en que vino a verme. Esa fue la única prueba que necesitaba».

La experiencia de muerte compartida de Ida realmente la cambió. Explicaba: «Al día siguiente me sentía transformada. Sabía que esa verdad estaba en el centro de todo, y era puro amor. Tal vez antes me habría mostrado un tanto triste o apagada, pero nada consiguió afectarme después de ese incidente». Ida también creía que la experiencia de muerte compartida de su madre la ayudó a rehacerse como persona. «Solía ser muy dura con la gente y no dudaba en ser mala si estaba lo bastante enfadada, pero ya no siento esas ganas, porque la próxima persona podría ser yo. Es decir, todos somos uno. Estamos conectados de formas muy extrañas». Y añadió: «Recuperé mi fe en la gente. Tengo empatía para todos porque sentí que formábamos parte de lo mismo y que nuestro lugar era estar juntos.

»Fue un regalo tremendo, un regalo que me transformó por completo. Mi vida cambió desde aquel episodio. Fue un regalo de amor, en serio. Estoy segura de que mi madre quería enseñarme que estaba en buenas manos. Tal vez fuese a reparar algo que hiciera mal. A menudo le he dado vueltas a eso. Ojalá todo el mundo pudiera tener esa oportunidad, la de darle a su hijo esa clase de regalo, porque lo cambia todo. Ya no me da miedo morir. Creemos que el paraíso está aquí, pero no es verdad. Está ahí arriba, por encima del techo».

Antes de que nuestra conversación concluyera, Ida preguntó: «¿Por qué no se habla más de ello?». En su experiencia, notó que la gran mayoría de la gente no le daba importancia a lo que había vivido con su madre. «Como mi marido, con el que llevo veinticinco años casada y que sabe cómo soy. Sabe que tengo los pies en la tierra. Que lo critico todo». Después de su EMC, Ida dijo: «Aunque creía que debía de haber algo allí arriba, él no le dio ninguna importancia. Esto es algo que tengo que quedarme para mí. Aun así, quiero contárselo al mundo, porque es extraordinario y merece contarse».

Es igual de llamativo el paralelismo entre las historias de los que viven una experiencia de muerte compartida, particularmente en el lenguaje que utilizan y las imágenes que describen. Isa y Cristina tuvieron experiencias muy similares en términos de verse arropadas por una luz brillante y sentir que flotaban y ascendían, pero no son solo las experiencias visuales las que comparten un profundo paralelismo; también las emocionales. Si no, lee la historia de Alison A.

A diferencia de los casos anteriores, el de Alison no involucra a un familiar directo, sino a una vieja amiga. Alison estaba de compras en un *outlet* de ropa en Camarillo (California). «Estaba comprándome ropa para un viaje de negocios y de repente me vinieron unas imágenes muy vívidas de mi buena amiga Wendy». Alison había vivido en un pueblecito de Inglaterra durante treinta y cinco años y Wendy había sido una de sus mejores amigas. Pero las imágenes que Alison vio no eran de Wendy con su edad actual, sino de cuando tenía dieciséis años. «Wendy siempre hablaba empezando con un "Oh, lo siento mucho". Creo que se debía a que su padre se suicidó cuando ella era muy joven. Aquel día vino a mí y me dijo: "Alison, lo siento muchísimo, pero ya no aguantaba más. No aguantaba". Durante ese momento, Alison percibió a Wendy como una adolescente muy animada «y completamente libre. Agradecía haberse liberado de su cuerpo. Fue un motivo de alegría para ella. Un alivio».

Alison explicó: «Cada persona tiene una esencia, y supongo que fue la esencia de Wendy la que me visitó, su "ser", junto con todos los buenos momentos que habíamos compartido». Alison también describió una sensación de estar en dos lugares, uno con todos esos sentimientos intensos e imágenes y el otro donde seguía en la tienda, probándose vestidos y *leggings*. «El tiempo apremiaba, así que me vi siguiendo con lo que estaba haciendo sin mucho ánimo. Escogí ropa sin siquiera prestar atención. Vaya, me compré un montón de trapos que nunca me he puesto. Porque esa experiencia con Wendy fue muy poderosa. Fue tan intensa que me fue imposible escapar de ella».

Alison se vio «abrumada» con buenos pensamientos sobre Wendy durante casi cuarenta y cinco minutos. Cuando la experiencia empezó a remitir, un número de Reino Unido apareció en su teléfono. Dijo: «Supe lo que venía a continuación». Alison recibió la noticia de que Wendy había fallecido. «Les respondí a mis amigas: "Lo sé, lo sé"».

En cuanto al proceso de asimilación de lo que había ocurrido, Alison recordaba: «Wendy estaba flotando en el aire y tuve la sensación de que era feliz y libre mientras se alejaba». Dijo que el encuentro afectó muchísimo a su propio duelo. «No sentí tristeza durante el tiempo que duró el encuentro. Wendy había estado pasándolo mal por temas de salud y entendí que necesitaba marcharse. Luego sí que me sentí muy muy triste porque ya no estaría en mi vida, pero sabía que tenía que irse. Sentí una tristeza personal y egoísta, pero también alivio por el tiempo maravilloso que habíamos vivido juntas».

Es curioso que Ida hablara de verse embargada por «un amor inmenso» y Alison, de sentirse «abrumada» por unas emociones «intensas» y por la increíble sensación de que su querida amiga «parecía completamente libre». Ambas mujeres identifican no solo el fuerte sentimiento de amor, sino también la sensación de estar completamente arropadas por él, la sensación de libertad y liberación por parte de la persona que fallece y la poderosa experiencia de haberse despedido de ella. Ida también mencionó que se dio cuenta de que estaba sonriendo después de la experiencia y que no derramó ni una lágrima debido al poder de la EMC y cómo afectó a su duelo. De forma similar, Alison declaró que «en ese momento no sintió tristeza» y que esa poderosa sensación la ayudó a abordar la aflicción posterior. Estos son dos buenos ejemplos de patrones que se repiten en muchos casos de EMC. Ten en cuenta también las palabras de Cristina C. con respecto a la profunda dicha emocional que experimentó: «Fue lo mejor que he sentido nunca. Jamás he sido tan feliz. La paz que sentí fue simplemente increíble». La intensidad, la universalidad y la durabilidad de las EMC las distinguen de muchísimas otras experiencias humanas. Como investigadores, para nosotros resulta igual de sorprendente, cuando analizamos estos casos, la cantidad de gente que usa palabras similares para describir una experiencia casi indescriptible.

También nos fascina la profundidad con que la gente sigue rememorando y describiendo las EMC incluso después de haber pasado años. Es una experiencia que los motiva a buscar su significado e interpretación, desde por qué los han elegido para vivir esa experiencia hasta el mensaje que la persona falleciendo quería entregarles, compartir con ellos o enseñarles. Durante nuestra conversación, por ejemplo, Alison dijo que se había preguntado por qué Wendy la había elegido a ella para ser la beneficiaria de esta experiencia. Razonó que se debió al vínculo de su larga amistad. Ida se preguntó lo mismo con su madre: por qué ella y no su hermano o cualquier otra persona. Lo que sí supo fue que el consuelo resultante —«nada puede afectarme»— de su experiencia fue profundo.

Parece ser que el «consuelo» es otro elemento clave de las experiencias de muerte compartidas; cómo se verbaliza y cómo lo recibe la persona que vive dicha situación.

4

CONSUELO

El duelo es sinónimo de muerte. Desde las culturas de los antiguos celtas de la Europa septentrional hasta los aborígenes de Australia todos se lamentaban a su manera. Más tarde, los irlandeses adoptaron la tradición de contratar a «keeners», mujeres que asistían a los funerales para llorarle al muerto en voz alta. A muchos de nosotros la muerte nos genera una gran reserva de emociones, y también supone una profunda tristeza para bastantes personas. Por lo tanto, descubrir que las experiencias de muerte compartidas pueden ofrecer un consuelo significativo y duradero ha sido increíblemente aleccionador y profundamente revelador. También se debe mencionar que una EMC no necesita ser compleja ni tener muchas capas para causar un gran impacto. Su consuelo puede darse de muchas formas.

El padre de Carl P. había luchado contra el cáncer de próstata durante más de una década. Le informaron de que había reaparecido mientras visitaba a Carl en California. Se quedó para tratarse allí, cosa que le brindó la oportunidad de pasar más tiempo con su hijo y su nieta, apenas un bebé. Después regresó a su casa en Massachusetts. Carl hizo un viaje sorpresa para verlo un fin de semana y creyó que le iba bien. Recordaba que el domingo siguiente «había dejado mi móvil a un lado. Habíamos organizado un día en familia y después una cena con amigos». Al volver a casa vio que tenía dieciocho llamadas perdidas. «Mis hermanas y mi madre habían intentado ponerse en contacto conmigo. No recuerdo la llamada muy bien. Mi padre había fallecido a causa de una insuficiencia cardíaca. Me quedé atónito».

Carl se lo contó a su mujer y después, tal y como lo describió: «Básicamente acabé deambulando fuera, sollozando». Vagó por allí, abotargado, hasta que decidió sentarse en los escalones de la entrada. Recordó preguntar lo que más se le había pasado por la cabeza: «¿Dónde está mi padre?». Y lo pronunció en alto.

Carl recordaba a la perfección lo que había sucedido a continuación. «Sentí un cambio fuerte. La sensación de estar con mi padre vino a mí. No fue como cuando había estado con mi padre antes, ese mismo año, ahí en el porche, sino como cuando yo era pequeño. Esa sensación de "Todo va bien. Estás con tu padre. Todo irá bien"». Con esa sensación vino otra predominante que Carl identificó como una «paz profunda. Me tranquilizó. Supe que todo iba bien. Él estaba allí conmigo y estaría en lo que hay después, fuera lo que fuese. Sea lo que sea». A Carl le sorprendió que sus emociones llegaran a ser como una vibración, algo que sintió «bajo los huesos, en cada fibra de mi ser. Algo físico, como si alguien hubiese pulsado un interruptor. Sentí en los huesos y en mis células que mi padre estaba allí conmigo». En el marco de las EMC estos rasgos serían principalmente una emoción abrumadora combinada con una claridad aguzada, particularmente a la hora de percibir la información.

Carl nunca había sido una persona religiosa. Aunque acompañaba a sus padres a la iglesia en Florida de pequeño: «Nunca he asistido a un acto religioso por voluntad propia. Estudié ciencias, así que poseo una gran dosis de escepticismo, pero a la vez también una adoración real por el mundo natural y una gran aceptación ante el hecho de no tener respuestas». La experiencia de Carl en sus escaleras de entrada se convirtió al final en una «fuente de fuerza para mí».

Unos cuatro años después de que su padre falleciese, una colaboración empresarial fracasó y Carl se sintió «apartado» y sin saber qué hacer después. Durante una noche en vela, salió de la cama y fue a pasear. De nuevo le sobrevino aquella sensación. «Fue como si mi padre y mi abuela, que había fallecido varios años antes de eso, estuvieran allí conmigo, dándome fuerzas cuando lo necesitaba».

La fuerte sensación de Carl de la presencia de su padre no hizo que su duelo desapareciese, pero sí que cambió su forma de pensar y se convirtió en una fuente de consuelo. «Echo de menos a mi padre, ojalá pudiera llamarlo, estar con él y pasar tiempo con él. Lloré su muerte y estuve triste, pero no lo siento como una tragedia. Siento como si estuviera en el lugar que necesita estar», una sensación muy parecida a la que Adela B. expresó. La EMC también cambió la opinión de Carl en cuanto a la muerte. «Nunca se sabe realmente lo preparado que estás, pero sí que estoy tranquilo. No tengo miedo».

El consuelo, sin embargo, se halla de formas distintas. Puede ser inmediato, como en el caso de Carl, o evolucionar con el tiempo. Un aspecto fascinante de las experiencias de muerte compartidas es la interpretación individual y los cambios que vive la persona que la experimenta. Madelyn S. creció en Nueva Jersey, en lo que identificó como «una familia judía bastante cumplidora». Y añadió: «no soy tan ortodoxa como mi familia, pero estoy muy conectada al judaísmo». Tenía una relación muy estrecha con su madre. «Mi madre era una persona muy cariñosa y maternal. Mis problemas eran sus problemas. Cuando di a luz a mi hija, estuvo conmigo en el parto». Después, la madre de Madelyn se alojó con ellas para ocuparse de todo lo relacionado con las tareas de casa. «No tuve que hacer nada más que cuidar de mi bebé».

Madelyn y su marido se separaron más adelante. «Fue muy doloroso», recordaba, y añadió: «No se lo había contado a mi madre porque lo adoraba, y me daba miedo decírselo». Aunque solo tenía algo menos de sesenta años, su madre ya había sufrido varios derrames cerebrales debido a las complicaciones derivadas de un reemplazo de su válvula aórtica. «No quería que lo pasase mal, pero un día que estaba en su casa, me derrumbé y me eché a llorar en su cama. Ella me abrazó y me meció. Dijo que debería confiar en mí misma y que me quería. "Solo tú sabes lo que te conviene", me dijo. "Confía en ti misma"».

La familia de Madelyn tenía pensado reunirse en la casa en la playa de sus padres en Nueva Jersey para el Día de los Caídos. Madelyn recuerda que ella iba a llegar un día después. «Me llamaron y me dijeron: "Mamá ha tenido un derrame, ven"». Madelyn llegó y encontró a su madre inconsciente, conectada a una máquina de soporte vital. Su familia estaba velándola en la sala de espera del hospital. «Había entre quince y veinte personas rezando:

gente del vecindario, rabís, mi familia, mis primos, tías y tíos. Fue devastador. Mi madre era la persona con quien siempre podía contar».

Cuando le tocó a Madelyn quedarse con su madre en la habitación, vio a una «gran presencia a la izquierda, sobre su cama». A Madelyn le pareció que la presencia era «fuerte» e «intensa». Le transmitió que no había forma de negociar, que la decisión ya estaba tomada. Echando la vista atrás, Madelyn dijo: «Sentí como si el propósito de la presencia fuese permanecer al lado de mi madre, protegerla y acompañarla». Pero en ese momento su manera de reaccionar fue abrumadora. «Caí de rodillas y empecé a llorar. Fue como si mi madre se hubiera ido».

Al mismo tiempo, Madelyn tuvo otra sensación, de que la habían llamado para observarla. Describe esa sensación como si «estuviesen fisgando en mi alma. Sentí como si realmente me vieran, como si todo lo que había hecho y quién era estuviese frente a los ojos de Dios. Noté como si me estuviesen examinando». Explicaba que sintió como si le hubiesen pedido responder quién era y qué quería Dios de ella, para que tuviera en cuenta «que mi vida importa y que tiene un propósito, que mis acciones acarrean consecuencias, y que qué iba a hacer con mi vida. No se me juzgó», añadió. «Fue una testificación de todo mi ser, de toda mi vida y de todo lo que había hecho».

Y ante ella se encontraba su madre comatosa. «Seguía viva, su corazón continuaba funcionando y respiraba de forma artificial mientras su cuerpo colapsaba. Para mí verla en esa condición durante días fue doloroso. Sentí que necesitaba que la liberaran».

El viernes por la noche, el Sabat judío llegó y la madre de Madelyn seguía conectada al soporte vital. Madelyn explicaba que, en la tradición judía, «encendemos velas; las mujeres encienden velas para abrir paso al Sabat al ocaso. Las encendemos y nos tapamos los ojos mientras recitamos la oración. En ese momento, cuando quitamos la mano, contemplamos la luz de forma diferente». Cuando Madelyn apartó su mano, «había una luz cegadora por toda la habitación. Era tan brillante que fui incapaz de abrir los ojos. Percibí una sensación increíble de luz, paz y amor. Fue tan profunda, mucho más de lo que había vivido hasta ese entonces. Sentí la presencia y el amor de mi madre junto con una luz y energía que nunca había experimentado». Al día siguiente, Madelyn, de treinta y dos años, pidió a los médicos que desconectaran a su madre, de cincuenta y nueve, del soporte vital. Nadie de su familia había sido capaz de hacerlo. «Sentí que era lo que su alma y su espíritu querían y necesitaban». Ser la que liberase el alma de mi madre, aunque fuese de esa forma, me pareció muy importante».

Aquella puesta en libertad del alma tuvo más repercusiones para Madelyn. «Sentí que mi madre había sufrido mucho dada su condición natural de ser mujer». Al igual que muchas mujeres de esa época, su madre «no tuvo las oportunidades que debería haber tenido. Fue un alma libre, pero dicha alma no pudo expresarse totalmente durante su vida».

Después de la muerte de su madre, la familia conservó la tradición judía de hacer Shiva o guardar el luto. «Hicimos un Shiva muy ortodoxo en el que rompimos ropa. Nos sentamos en el suelo. Estuvimos una semana sin bañarnos. Todo estaba controlado y pudimos centrarnos en nuestro duelo y en nuestra madre». Y añade: «Fue muy bonito y significativo. Estuve rodeada de gente todo el rato. Se supone que la familia nunca debe quedarse sola, que deben cuidarte. Creo que los judíos hacemos las cosas bien a la hora de llorar a un difunto y de guardar el luto.

»Durante aquella semana de luto entendí y conocí a mi madre mejor. Historia tras historia, las visitas nos contaron cómo los ayudó tanto a ellos como a otras personas, a algunas de las cuales no conocía personalmente, a través de acciones generosas y compasivas y de apoyo emocional y material. Todos la describieron como una «tsaddeket», que en hebreo significa mujer honrada y santa. Paradójicamente, aunque no tuvo la oportunidad de ser anciana, sintió que su misión especial era ayudar a los ancianos, y fundó el primer centro para mayores de nuestra comunidad. En el judaísmo encendemos una vela en recuerdo y para honrar a nuestros seres queridos en el aniversario de su fallecimiento porque es en su muerte cuando analizamos su vida. Y lo comprobé de primera mano».

Madelyn describió que notó «una sensación de aceptación en cuanto al fallecimiento de mi madre. Me sentí liviana, como si me elevara». Pero cuando regresó a casa, «estaba sola con mis dos hijos. No tenía marido ni tenía a mi madre. Tras aquello caí en una gran depresión».

Madelyn no habló de sus experiencias de muerte compartidas con sus amigos ni con su familia. «No sabía cómo contarlo ni qué decir. ¿Quién iba a entender lo que estaba diciendo?». Pero sí que hizo cambios en su vida, incluyendo darse cuenta de que necesitaba llevar una vida más espiritual. Y esa no fue su última experiencia de muerte compartida. Se volvió a casar, se mudó a California y su nuevo marido y ella se hicieron amigos de otra pareja, Chayim y Shamaya.

«Chayim era uno de mis mejores amigos. Era psicoterapeuta, maestro espiritual, artesano, batería y un aventurero increíble. Practicaba todo tipo de deportes al aire libre: era esquiador, buzo, escalador, mochilero, marinero, ciclista y kayakista. Todos esos deportes se le daban bien. Tenía pasión por la vida, pero también era muy temerario. Y no le temía a la muerte».

Durante una tarde en 2016, Madelyn seguía en su despacho terminando el trabajo de aquel día. «Su mujer me llamó y me dijo: "Reza por Chayim, por favor, se está muriendo". Dijo que Chayim había tenido un accidente; cuando volvía del trabajo en bici chocó con un camión. Me quedé impactada y horrorizada y empecé a llorar». Madelyn se quedó tan alterada que no pudo ni volver a casa. «Llamé a una de mis mejores amigas. Estaba histérica. Y de repente me sobrevino una sensación de paz y amor y un mensaje tipo: «Tranquila». Le dije a mi amiga: "Tisa, no sé lo que está pasando ahora mismo, pero me ha venido una sensación de que todo va bien. Siento paz y alegría". Me tranquilizó, y dije: "Creo que Chayim está muriendo ahora mismo y creo que me está diciendo que no pasa nada, que él está bien, que todo va bien"».

Madelyn comparaba «esa sensación de paz y amor con lo que viví con mi madre». Pero también fue distinto; esa vez «sentí a Chayim, que él hablaba conmigo». La velocidad de la experiencia fue muy intensa para Madelyn. «Por mí misma jamás habría sido capaz de salir de aquel cúmulo de ansiedad, pánico y angustia y pasar a la sensación de paz, aceptación y comprensión».

Más tarde, Madelyn le contó a Shamaya lo que había sucedido mientras estaba al teléfono con Tisa y Shamaya le respondió que esa experiencia había ocurrido al mismo tiempo que Chayim fallecía. «La experiencia afectó totalmente mi forma de llorar la muerte y de guardar el luto», añadió Madelyn.

«Fue otro nivel de aceptación, de que ese era su camino, de que no pasaba nada, aunque a día de hoy aún siento tristeza por su pérdida».

Desde entonces Madelyn soñó con Chayim y describió verlo «al otro lado». Pero recientemente también había soñado con su madre. En ese sueño «estaba preciosa, radiante. Tenía unas piernas fuertes, como las de una gimnasta. La vi muy feliz de haber avanzado y haberse transformado. También sentí mi propio duelo por haberla perdido. Pero me llena de dicha notar el espíritu de mi madre, lo que siempre he creído que necesitaba experimentar y vivir, y ver toda la fuerza que tiene; creo que, para mí, ver esas piernas de gimnasta me dio a entender: "Es muy fuerte, es capaz de permanecer erguida y hacer muchísimas cosas increíbles"».

Con sus dos EMC, con su madre y Chayim, Madelyn vivió varios elementos de las EMC: energía, una emoción abrumadora, una claridad aguzada y una luz brillante. Parecido a lo que les pasó a otras personas que conoceremos más adelante en el libro, Madelyn experimentó un gran consuelo a través de su vínculo con Chayim en los momentos en torno a su fallecimiento. Pero tal y como transmiten sus palabras, parte de su experiencia con Chayim la ayudó a comprender mejor la pérdida anterior de su madre, lo cual se parece mucho a lo que Michelle J. sintió tras su EMC con su hija, Grace, y cómo la ayudó a enmarcar y procesar de nuevo su experiencia anterior con su hijo, Michael.

Tal y como demuestran los casos de Carl y Madelyn, las EMC nos dan un contexto diferente para analizar, entender y finalmente aceptar la muerte. En la mayoría de los casos, vivir una EMC no reduce ni elimina el período de duelo ni de echar de menos al ser querido. Lo que sí hace es cambiar nuestra forma de entender la pérdida. Muchos comparten haber sentido una gran paz y haber aceptado la muerte; hablan de su ser querido como si se hubiese marchado a otro plano. Para algunos, aproximadamente el 10 por ciento de los casos que hemos estudiado, el proceso del duelo cambia radicalmente; se descubren teniendo sentimientos de alegría.

De esta forma, las EMC ayudan a la gente directamente a abordar su duelo personal. En vez de quedarse con una sensación finita e irreversible de clausura, que corta totalmente una relación en el momento de la muerte, la persona viva se enriquece al saber que los que han abandonado este mundo siguen vivos y felices en un más allá más benevolente. Como investigadores, resulta interesante ver cómo, a través de medios distintos, tanto Carl como Madelyn empezaron a desviar su atención a una vida más espiritual tras la pérdida de su padre y madre respectivamente. Esto ocurrió a pesar de haber crecido en torno a tradiciones religiosas distintas y con puntos de vista diferentes.

Una de las muchas preguntas que se hacen las personas que han vivido una EMC y otros que buscan comprenderlas es por qué cierta gente descubre que ha sido seleccionada para una EMC y otras no. Tal y como hemos visto con Madelyn y Chayim, pero también con Alison y Wendy, a veces la pareja o el familiar no es el beneficiario directo de la comunicación por parte de la persona fallecida. Eso puede ser difícil de entender para otros familiares, al igual que la pregunta de por qué se elige a un familiar y no a otro. De hecho, Madelyn afirmó que no se sentía cómoda hablando con sus hermanos de la EMC que había vivido con su madre. Volveremos a esta pregunta y a la opinión de los participantes sobre por qué creen haber sido elegidos mientras abordamos otras facetas de las EMC, aunque a menudo la disposición de la persona y su receptividad juegan un papel importante. Cuantos más casos estudio, más convencido estoy de que las EMC a menudo funcionan como una forma de comunicación relevante con un mensaje significativo dirigido expresamente para el beneficiario. En algunos casos, la comunicación a través de las EMC también se debe compartir con los demás, con la familia cercana o los amigos, o incluso divulgarse a un público mayor.

5

CONVERTIRSE EN GUÍA

Durante miles de años, los humanos de todo el mundo han estado de acuerdo en una cosa: que el alma necesita un guía para llegar al más allá. En muchas tradiciones, llegar al más allá requiere un proceso literal de tránsito; los antiguos egipcios crearon su propia hoja de ruta hacia la Duat (El libro de los muertos), mientras que los budistas tibetanos describen la muerte como el paso a través de diferentes estados del bardo en su *Bardo Thodol* o *Libro de los muertos*. Quién recibía el honor de acompañar a los difuntos varía según la cultura y la práctica religiosa. El mundo antiguo veía a los dioses como guías; más tarde, las religiones, el cristianismo y el islam en particular nombraron a los ángeles. A menudo las figuras animales también eran consideradas guías. Los galeses y los antiguos aztecas acudían a los perros; la Antigua Grecia, a las abejas; y Japón y algunas culturas sudamericanas, a las aves. En las tradiciones peruanas precolombinas, el cóndor, con sus garras afiladas y sus alas protectoras de casi tres metros, era el guía designado hacia el más allá, ya que se alza en la atmósfera hasta el punto de desaparecer. Otras culturas, como la de los inuit de Alaska o los aborígenes australianos, recurrieron a la astronomía, específicamente a las auroras boreales o a Barnumbir, la estrella de la mañana australiana. Los chamanes y los antepasados de los difuntos también podrían ser seleccionados para desempeñar este papel. Aunque en general son seres inhumanos los que hacen de guía a los fallecidos, en la Europa medieval algunos monasterios ofrecían cuidados «paliativos» para los moribundos y los alojaban en enfermerías localizadas junto a capillas. Los cánticos de los monjes se convirtieron en una forma de cuidados paliativos que aliviaban su dolor y sufrimiento y los guiaban hacia la otra vida.

Cuando fallece una persona joven, acompañar al difunto forma parte de las EMC con frecuencia. Si repasamos los dos casos anteriores, tanto Liz como Michelle perdieron a sus bebés prematuros y las dos sintieron claramente cómo acompañaban a esos bebés. Pero también puede ocurrir con adultos hasta cierto punto. Gail O. y Cristina C. describen aspectos de ese acompañamiento. Basándonos en nuestra investigación y en las entrevistas realizadas, hay varias características asociadas a la guía del difunto: tiende a ocurrir como una experiencia incorpórea o en un plano visionario; también es común percatarse de jardines, castillos, lugares místicos o incluso un vacío; y la persona que experimenta dicho suceso siente de manera abrumadora que ha adquirido un conocimiento especial y que hay una especie de límite o frontera que no tiene permitido cruzar. El caso de Scott T. destaca estos elementos centrales.

Scott creció en Mankato (Minnesota), una ciudad famosa por la clásica serie de libros de Laura Ingalls Wilder, «La casa de la pradera». «Está en la parte sur del estado, al final de la planicie. El ambiente es muy parecido al de la serie *Las desventuras de Beaver*. Las madres llevaban delantal y los niños salían a hacer deporte; era un lugar normal y encantador». La familia de Scott era propietaria de una pequeña cadena de tiendas locales. Después de estudiar en la universidad de Iowa y de recibir una beca para la escuela de negocios de la Universidad del Noroeste, Scott fue a trabajar a unos grandes almacenes en Dayton, «un negocio minorista de renombre». (Luego se convertiría en Macy's y su otra división pasaría a llamarse Target).

«Trabajar en la venta al por menor es un ambiente agotador y aguanté unos dos años y medio antes de mandarlos a paseo. Recuerdo estar teniendo un muy mal día y recibir una llamada de mi padre en la que decía: "Scott, uno de nuestros encargados se acaba de jubilar y he pensado que te apetecería volver a trabajar en el negocio familiar". En ese momento me pareció una idea buenísima».

Scott estuvo trabajando en la tienda familiar en Owatonna (Minnesota) vendiendo artículos rebajados y en liquidación después de Navidad. Recordaba: «Estaba en la planta de ventas, en la sección de hombre, mientras mis empleados estaban almorzando, y de pronto entró una mujer guapísima. Dije: "Guau"». Mary Fran estaba con su hermana, Jannie, buscando regalos para el cumpleaños de su padre. «Me enteré de su nombre, pregunté por ahí para conseguir su número y la llamé. Le dije "Hola, he sido el que te ha atendido en la tienda, ¿te gustaría ir al cine?"».

Mary Fran respondió que sí. Scott la recogió en casa de sus padres después de que hubieran celebrado la fiesta de cumpleaños del padre de Mary Fran. Entre la multitud se encontraba Nolan, el hijo de seis años de la chica. Mary Fran no estaba casada cuando se quedó embarazada y el padre de Nolan se negó a reconocerlo. La familia de Mary Fran era católica y muy religiosa, y sus padres la desheredaron y la echaron de casa con dieciocho años. Ella se mudó a California para vivir con Jannie. Solo cuando Nolan cumplió los cinco años sus padres la contactaron para reconciliarse, ya que no querían perderse la oportunidad de conocer a su primer nieto.

«Mary Fran protegía mucho a Nolan», explicó Scott. «Estuvimos saliendo cuatro meses antes de que me lo presentara oficialmente». Como Nolan no mantenía contacto con su padre biológico, Mary Fran le explicó a Scott que su hijo a menudo esperaba que cualquier hombre con el que saliese se convirtiera en su «nuevo papá».

Scott recordó: «Solía ir a cenar con ellos y salíamos a atrapar gusanos porque le gustaba pescar». Los tres iban al cine y a montar en bici, «la clase de cosas que se hacen con un niño de seis años». Entonces en junio, Scott, Mary Fran y Nolan fueron a pasar el fin de semana en una casita junto a un lago propiedad de unos primos de Scott. «Estábamos en esa fase eufórica de la relación, conociéndonos el uno al otro». Recordaba a Mary Fran como «atractiva, lista y muy pícara», y con un «muy buen corazón. Eso es importante para mí. En particular, era muy sensible con la gente que había pasado por situaciones que los habían dejado pasando penurias, como ella. Casi había terminado la universidad y quería ir a la escuela de derecho y convertirse en abogada de oficio, sobre todo para defender los derechos infantiles».

Era 6 de julio de 1981. Scott estaba trabajando en la tienda de su familia en Mankato y Mary Fran y Nolan estaban fuera, navegando. «Ella iba a las clases de vela impartidas por la Universidad Estatal de Minnesota. Nolan estaba en la playa con una canguro, una niña de doce años llamada Kristen, que era la hija de uno de mis empleados. Yo era el encargado de turno aquella noche. Entonces entró una llamada directamente a mi oficina, y era del hospital. Una enfermera me preguntó si sabía dónde estaban los padres de Kristen». Scott se ofreció a contactarlos y le preguntó por qué. La respuesta: Kristen había sufrido un accidente de tráfico y sus padres tenían que recogerla.

«Y entonces le dije: "¿Qué? ¿Cómo que ha sufrido un accidente?". Era la niñera de Nolan, así que eso significaba que Mary Fran y el niño iban en el coche con ella». Scott preguntó por los otros dos pasajeros, Mary Fran y Nolan. La enfermera respondió: «"Mary Fran no responde". Tuve que preguntarle qué significaba eso. Nolan había sufrido un severo traumatismo craneal y lo estaban trasladando del hospital de Mankato al Mayo Clinic de Rochester. Así me enteré».

Mary Fran estaba en muerte cerebral, pero viva gracias a un respirador. (Sorprendentemente, se convirtió en la donante para el primer trasplante de corazón del Mayo Clinic). Nolan pasó seis días inconsciente en el Mayo Clinic. La familia de Mary Fran —hermanos, cuñados, tíos, primos— se turnaban para estar con él. Scott y su familia, también. «Fue doblemente trágico, porque habían pasado mucho tiempo sin hablarse y hacía poco que se habían reconciliado». Mientras la vigilia seguía, «nos dividimos el tiempo en bloques de dos horas, y cada uno entraba para estar con Nolan durante esa franja. Jannie y yo estuvimos desde las tres hasta las cinco de la mañana del sexto día. Hablábamos con Nolan y le leíamos, porque sabíamos que el último sentido que perdemos es el del oído.

»Ya eran casi las cinco, señal de que nuestro turno se acababa, y Jannie, que era enfermera en urgencias, se acercó a los pies de la cama y miró el historial médico. Por aquel entonces los portapapeles estaban a la orden del día. Agarró el historial, miró los monitores y dijo: "Scott, es la hora". Extendió la mano y nos sentamos junto a la cabeza de Nolan. Le dijo que había sido un niño muy valiente y que lo queríamos mucho por luchar tanto por permanecer vivo, pero que, si su madre venía, debía irse con ella, porque estaba claro que no iba a sobrevivir. Entonces, tuve la oportunidad de despedirme y regresamos a la sala de espera.

»Ya sabes lo que es estar en un hospital; las salas de espera no son tan grandes. Se meten cuarenta, cincuenta personas durmiendo en el suelo y en las sillas; es un caos. La enfermera vino y nos dijo que las constantes vitales de Nolan estaban desestabilizándose, así que todos nos pusimos de pie, entramos en la habitación y resultó que yo fui una de las últimas personas en hacerlo, por lo que terminé sentado en el alféizar de la ventana».

Lo que vio Scott mientras el corazón de Nolan dejaba de latir en el monitor «fue a Mary Fran viniendo y levantando a Nolan de su cuerpo». Madre e hijo se abrazaron, se giraron hacia Scott «y me abrazaron. Entonces los tres nos fundimos con una luz blanca». Scott la describió como una «luz extremadamente brillante y amplia. Todo a tu alrededor exuda esa luz universal. La mesa, las sillas, tú, yo, todo. De repente, empiezas a verla con ojos conscientes de que todos estamos hechos exactamente de lo mismo. Del amor del universo. Tú mismo eres la luz». Scott lo describió como estar en la habitación y en otra dimensión a la vez. «Estoy en la habitación, pero también es como si hubiera entrado en otra dimensión simultánea a esta». Era consciente de la aflicción a su alrededor, pero al mismo tiempo: «Estoy con Mary Fran y Nolan compartiendo ese momento de unidad. Estoy con ellos, y ellos están conmigo, y soy uno con todo. Es increíble cómo el centro de todo está en el corazón; estás totalmente sumergido en el amor del universo». Pasaron cinco o diez minutos hasta que «Mary Fran y Nolan se giraron y se fueron».

Scott no le contó a nadie su experiencia. «Me parecía algo que no podía contarle a mi familia ni a mi comunidad presbiteriana. Es un momento tan preciado y valioso que no quieres que nadie lo estropee». Permaneció callado durante quince años. Regresó a trabajar en las tiendas de su familia hasta que cerraron a principio de la década de los 90 por culpa de la recesión. Se convirtió en mentor de pequeños empresarios en Minnesota, se casó y practicó su deporte favorito, curling. También se sacó el doctorado en liderazgo educacional y eligió escribir su disertación sobre las experiencias cercanas a la muerte. Por fin empezó a ponerle nombre y palabras a lo que había vivido en aquella habitación de hospital.

Años después tuvo una conversación con la hermana pequeña de Mary Fran, que también había estado presente, pero sentada al otro lado de la habitación. Scott recordaba: «Me giré hacia ella y le dije: "¿Sabes qué? Me pasó una cosa muy extraña cuando Nolan estaba haciendo su transición y me preguntaba si, por casualidad, a ti también". Y ella se me quedó mirando con los ojos muy abiertos». Scott le pidió que compartiera con él su historia y ella lo hizo. Describió exactamente la misma secuencia y usó el mismo tipo de lenguaje. «Fue una confirmación independiente de lo que había vivido, justo igual que lo que había visto y al mismo tiempo. Cuando tuve esa conversación con ella, cualquier duda que hubiera tenido con respecto a si lo que había vivido había sido real o no desapareció», dijo Scott. «Puf. Se fueron».

Scott estudió y reflexionó sobre su EMC aquella madrugada. Aun así, admitió: «Es muy difícil describir cómo es estar en el mundo físico y en otro lugar extraordinario, lleno de un amor divino, a la vez». Cree que fue «elegido porque en la mente de Nolan —el que estaba haciendo la transición— yo era su padre. O habría sido su padre».

Scott también empezó a estudiar meditación. Dijo que seguía teniendo la sensación de que «Nolan siempre ha estado conmigo. Al igual que un ángel guardián, él está justo ahí. Noto y reconozco su presencia».

No obstante, no hay una forma específica de «acompañar al difunto» propia de las EMC. A veces, es posible que la persona se vea impulsada a actuar más como un guía, ayudando explícitamente al difunto en su transición al más allá. Esta capacidad también puede tener un efecto transformador en la persona viva. Ese fue el caso de Jeanne D. y Mark T. Como dato particular, ni Jeanne ni Mark estaban con su ser querido —sus respectivos padres— cerca de la hora de sus muertes; ambos estaban a más de mil kilómetros de distancia. Sin embargo, ambos estaban en vehículos en movimiento; Jeanne en un avión y Mark en una camioneta. Y como curiosidad geográfica, ambos estaban en el área metropolitana de la ciudad de Nueva York. Ambos comparten sus historias.

Jeanne D., hija de una madre menonita y de un padre metodista, creció en un pequeño pueblo de Missouri. Era la más pequeña de cuatro hermanos; «vine de penalti», dijo, ya que nació cuando sus padres estaban pasando por una mala situación económica. Describía a su padre como «el típico padre de los años 50 y 60» y añadió que siempre estaba muy ocupado, pero que también era muy cariñoso. Era veterano de la marina, se marchó de la granja familiar durante la Segunda Guerra Mundial, terminó la universidad gracias a la Ley de Reajuste de los Militares y se volvió horticultor. Era un jardinero ávido que ayudó a cultivar huertos por toda Norteamérica. Al final abrió un vivero de éxito en Oregon con los hermanos de Jeanne.

«Estaba muy conectado a la naturaleza», recordaba Jeanne. «Su verdadera iglesia era el jardín. Iba a misa por mi madre. Decía que era bueno para "hacer comunidad", pero no parecía creer mucho en el tema espiritual. Prefería ser el alcalde de su vecindario». Con casi noventa años, su salud empezó a decaer. «Mi padre había vivido hasta una edad avanzada, pero ya de cara al final sufría de insuficiencia cardíaca congestiva y de fibrosis pulmonar». Estando en la UCI después de una cirugía de corazón, tuvo lo que Jeanne cree que podría haber sido una aterradora experiencia cercana a la muerte. Con los ojos anegados en lágrimas, le contó la historia luego. «Me dijo: "Creí que me había muerto; todo estaba negro… y no había nadie"».

Jeanne, que había trabajado en cuidados paliativos e investigado considerablemente la consciencia al final de la vida, reaccionó al oír aquello. Recordaba una visita en la que había bromeado con su padre sobre «el otro lado» diciéndole: «El más allá no es tan malo, papá». Su respuesta fue: «Más vale pájaro en mano que ciento volando», refiriéndose a que pensaba que era mejor estar en el mundo de los vivos que en un más allá desconocido.

«De veras que quería estar allí para cuando muriera, pero creo que mi padre no habría querido», explicó. «Yo pensaba: "No pasa nada, irá empeorando poco a poco, hay tiempo. En algún momento estaré allí". Por supuesto, así no fue como salió». El padre de Jeanne empeoró de golpe un domingo. «Mi hermano me llamó muy asustado». Aun así, Jeanne pensó que su padre tardaría en irse tres o cuatro días, y el hospital donde estaba opinaba igual. «Reservé un vuelo para el martes por la mañana. Pero alrededor de las nueve de la noche el lunes, de repente sentí una necesidad muy fuerte de llamarlo y de decirle que lo quería». Marcó su número, pero fue su hermana la que respondió y le dijo: «"Ay, Jeanne, acaba de morir". Justo en ese momento. Lo había llamado en el momento de su muerte».

Era principios de noviembre de 2012. Nueva York, donde Jeanne vivía, seguía recuperándose del devastador huracán Sandy. «Había ramas del enorme abeto que tanto nos encantaba desperdigadas por el suelo, con un montón de árboles que habíamos perdido por culpa del temporal. La imagen de todos aquellos árboles muertos en mitad de las calles mientras iba de camino a tomar el avión para ir al funeral de mi padre me afectó mucho».

Cuando Jeanne embarcó temprano por la mañana, «fue el primer momento en el que me quedé sola. Aunque estaba rodeada de otra gente, estaba sola en mi propia piel y por fin tuve un momento para meditar». Después de despegar, cerró los ojos. «Ahí fue cuando vi a mi padre de joven. Sentí su cara como si la tuviera justo delante de la mía, y estaba aterrorizado». Sorprendida, Jeanne abrió los ojos. «Era mi padre, que no era una persona muy espiritual. En realidad, me sentí incómoda, porque yo sí que lo soy y él nunca había formado parte de mi vida espiritual. No sabía cómo conectar con él. Fue como: "Dios santo, está aquí. ¿Y ahora qué?"». Jeanne se levantó, fue al servicio y, cuando regresó, cerró los ojos otra vez. «Fue como en *Alicia en el país de las maravillas*», recuerda, y menciona tener que entrar en aquel «espacio» con él, donde «pude abrazarlo». Estaban juntos en lo que describió como un «espacio vacío. No había nada más que oscuridad. Solo estábamos él y yo, y el terror que él sentía. Era muy parecido a como me había descrito su ECM, salvo porque yo podía ver un punto de luz a su espalda. Yo podía verlo, pero él no.

»Entendí que tenía que llegar hasta la luz, pero no conseguía que se diera la vuelta para que la viera». Jeanne describió a su padre como una persona muy sociable, el alma de las fiestas. «Pensé: "Bueno, soy su hija, no me está escuchando, pero si damos una pequeña fiesta aquí, los demás podrían ayudarlo". Necesitaba algo con lo que distraerse porque tenía muchísimo miedo».

Jeanne empezó a concentrarse en convocar una «fiesta de bienvenida». Mientras veía que su padre se juntaba con la multitud y se reorientaba hacia la luz, «me di cuenta de que quería pasear con él. Volví a centrarme y empecé a caminar y a hablar con él. Ahora estaba feliz, y yo también lo estaba por verlo así. Estuvimos hablando y caminando».

Jeanne recordaba haber hablado sobre muchas cosas. «Lo único que quiso fue un buen obituario con una foto en el diario *Oregonian*; el ataúd le daba igual», y le dijo que el obituario que habían escrito para él y que habían enviado al periódico «había salido genial. Le recordé lo mucho que lo quería y lo agradecida que estaba; las cosas que le había dicho multitud de veces antes, pero sonaron diferentes en aquel sitio.

»Por supuesto, la luz se había vuelto más y más grande. Seguimos andando mientras una gran sensación de amor nos envolvió, y conectamos. No tardamos mucho en llegar a una abertura redonda de la que provenía muchísima luz. Fue como mirar un pozo, solo que de frente, y había personas asomadas delante. Eran su tía Bernice, su hermana y sus padres.

»Sigue siendo muy conmovedor para mí, y me alegro tanto de haber podido ayudarlo. Creo que mi padre habría podido encontrar el camino porque era un hombre con un corazón enorme, pero le habría costado mucho más. Estaba perdido».

Jeanne recordó un «momento de reunión y júbilo, aunque no pude seguir avanzando». Jeanne había llegado a un límite, un rasgo común de las EMC. Lo describió como algo parecido a «una estación de tren en la que subes a tu hijo a uno. Yo estaba en este lado con mi padre, básicamente entregándoselo a ellos». Jeanne explica que en ese momento sintió un «amor absoluto y acogedor, como una reunión después de haber pasado por un terrible calvario, como: "Ay, madre, estás aquí. Estás a salvo". Seguridad, consuelo y amor».

Padre e hija se despidieron y ambos prometieron seguir en contacto. «Te escucharé a través de los árboles», recordaba Jeanne que le había dicho su padre. Aquel momento la conmovió especialmente porque «había pasado una gran parte de su vida centrado en mi hermano; lo que hicieran las chicas en mi familia no era muy importante. Ahora sí que me veía de verdad. De alguna manera, lo estaba entendiendo. Me miró de forma diferente».

Entonces, de repente, se separaron y la escena acabó. «Volví a ser la Jeanne en el avión. Abrí los ojos y dije: "Guau, ¿ha sido real?"». Escribió lo que había vivido e incluso se rio de una gran broma del universo al final. El vuelo de Jeanne fue el mismo día de las elecciones de 2012; su padre, un republicano de toda la vida, había enviado su voto por correo antes de morir, mientras que Jeanne perdió la oportunidad de votar por el segundo mandato de Barack Obama. «Aunque había muerto, pudo votar», añade con una carcajada.

Su experiencia tuvo un impacto transformador en ella. «Por supuesto que le lloré. Pero más bien fueron lágrimas de felicidad. Le había llegado la hora, y fue más gratitud y aceptación por el regalo de su vida. Sentir que había participado en su muerte también me permitió avanzar en el duelo sin mucho dolor. De no haber sucedido, probablemente me habría sentido fatal por no haber podido estar con él cuando murió. Seguramente me habría sentido culpable, desconectada y confundida. Pero, en cambio, sentía una conexión y una paz interior porque sabía que estaba bien».

Dieciocho años antes de la experiencia de Jeanne, Mark T. tuvo un encuentro sorprendentemente similar con su propio padre. «Mi padre nació en 1929 en Alberta (Canadá)», explicaba Mark. Había crecido en una familia de granjeros y lo educaron para ello, aunque un orientador escolar le sugirió que podría ser un buen cura. El padre de Mark se enfureció ante la mención de aquella idea, pero Mark añadió: «A mi padre se le daba muy bien escuchar, y siempre intentaba entender a los demás». La gente se sentía atraída por él, y creó su propio «rebaño».

«Mis padres compraron un pub en el sur de Columbia Británica. Allí, la edad legal para beber es a los diecinueve años, y mi padre solía decir: "Vaya, sigo siendo granjero. Tengo una nueva cosecha de muchachos de diecinueve años todos los años". Eran chicos y chicas que no tenían ni idea de qué hacer con sus vidas, con sus relaciones o con el trabajo. Mi padre solía sentarse con ellos hasta las tres o las cuatro, y a veces las cinco de la mañana, para hablar. Era un pueblecito de solo seis mil habitantes y, cuando murió, vinieron mil personas a su funeral, así que era una persona muy querida.

»Como cualquier padre e hijo, teníamos nuestras diferencias. Recuerdo que durante mi adolescencia me frustró mucho, y también sentía que dedicaba una grandísima parte de su tiempo a otra gente, y como consecuencia yo no pasé todo el tiempo que debería haber pasado con él».

Aunque había estudiado programación informática, Mark pasó casi ocho años ayudando a su padre a llevar el negocio familiar antes de marcharse de Canadá y mudarse a Denver. «Básicamente le dije: "Papá, ¿sabes qué?, mi mayor miedo es decepcionarte si me marcho". Y mi padre se quedó callado y con la mirada perdida. Entonces me miró y me respondió: "Mark, te he criado para que seas tú mismo y para que tomes tus propias decisiones. Si te quedaras aquí sin sentirlo realmente, sí que me decepcionarías". Me sentí verdaderamente libre para seguir el camino que creía que debía seguir en este mundo.

»En 1998, con casi treinta años y mi padre sesenta y nueve, volví brevemente a Canadá y me di cuenta de que mi padre no estaba bien. No sabíamos realmente lo que le pasaba, pero intuíamos que estaba muy enfermo.

»En su lista de cosas que hacer antes de morir tenía el construir un garaje, así que le dije: "Muy bien. Construyamos un garaje". Todas las mañanas después de desayunar, él y yo salíamos. Construimos la estructura, le echamos todo el cemento, y levantamos las paredes. Luego, después de comer, siempre bajaba al sótano, donde se estaba a gusto y fresquito, y se tumbaba en un sofá cama. Yo me sentaba con él, y hablábamos.

»No me di cuenta entonces de lo bonito que era eso, porque todas nuestras diferencias, una a una, y a nuestro modo, fueron saliendo y desapareciendo, permitiéndonos obtener el perdón y sentir paz interior. Para cuando me marché más o menos un mes después, no quedaba nada más que amor y compasión entre ambos».

Una de las pasiones de Mark era el mundo de la supervivencia. En 1988, estaba estudiando para ser programador y analista de sistemas informáticos. «Era el epítome del estudiante hambriento, así que pasaba muchísimo tiempo en la biblioteca porque estaba vacía», recuerda Mark. Leía todas las revistas que encontraba y una gran variedad de libros. Mientras deambulaba por la sección de naturaleza, encontró «dos libros pequeñitos y marrones. El primero olía a humo de pino y a bosque. Se titulaba *Tom Brown's Field Guide to Wilderness Observation and Tracking*. Y el otro pequeño libro marrón era *Tom's Brown Field Guide to Wilderness Survival*. Los devoré». También se apuntó a las clases de Tom Brown. «Una de las cosas que Tom decía era: "La naturaleza siempre nos habla, pero el problema es… que nuestra mente lógica es como una gran banda de viento tocando a todo volumen. Por eso no oímos esos mensajes que la naturaleza tiene para nosotros, porque hay demasiado ruido. Lo que tenemos que hacer es aprender a empezar a bajar el volumen poco a poco y luego ser capaces de, cuando elijamos, acallar esa banda y oír realmente lo que la naturaleza nos está diciendo".

»Es como la diferencia entre el conocimiento y la sabiduría. El conocimiento es discernir que el tomate es una fruta. La sabiduría, tener el conocimiento de que no hay que echarlo en una ensalada de fruta». Tom creía fervientemente en la meditación, y Mark empezó a practicarla también. «La idea es que, si sabemos usar esas técnicas de meditación de forma dinámica en los momentos que las necesitamos, tendremos la oportunidad de silenciar la banda de viento y oír realmente lo que la naturaleza y lo que mi propia voz interior me está diciendo. Es un punto de partida».

A Mark le ofrecieron un trabajo en la escuela de supervivencia de Tom Brown, ubicada junto a la reserva natural de Pine Barrens en Nueva Jersey, pero a su padre le acababan de diagnosticar cáncer de páncreas. «El índice de supervivencia del cáncer de páncreas es mínimo», apunta Mark. Pero su padre le dijo: «No quiero que te quedes. ¿Para qué? Es muy probable que muera, así que, ¿para qué?».

Mark añade: «Comprendí lo que quería decir, que ya no teníamos nada más que arreglar y que las cosas entre ambos estaban bien, así que me mudé a Nueva Jersey y empecé a trabajar para Tom Brown. Me mandaron al bosque para dar clase durante dos semanas. En ese momento, mi padre estaba en el hospital. Tuve la oportunidad de hablar con él una vez por teléfono, pero estábamos en la década de los noventa y mi cobertura no era la mejor. Solo pude hablar con él durante un par de minutos, pero estaba claro que estaba apagándose. Lo sentía en mis huesos».

Cuando las dos semanas terminaron, Mark iba de vuelta a casa con un amigo. «Estaba muy cansado; no había dormido mucho. Incliné el respaldo y, en cuanto lo hice, sentí a mi padre».

Mark describió una «necesidad abrumadora de ver cómo estaba, por lo que envié a mi espíritu al hospital donde sabía que estaría. Cuando llegué, lo vi muy delgado y cadavérico. Mi padre era un tío fornido, de metro ochenta y ocho de altura y cien kilos, y fuerte como un toro. Nada le afectaba físicamente, pero ahora estaba demacrado. Recuerdo acercarme a su lado en la cama y hablarle. Le dije: "Papá, ¿por qué no te marchas? Mamá estará bien. Todos estaremos bien. Puedes irte. Ya no hay nada que te retenga aquí". Y él me miró y no mostró sorpresa alguna de estar allí hablando conmigo, pero sí que lo vi confundido, y me dijo: "No sé cómo. No sé cómo"». Mark había estudiado una meditación relacionada con la vida y la muerte, especialmente sobre cómo guiar a alguien cercano a la muerte hacia la luz. «En cuanto estuve allí con mi padre supe al instante que eso era justo lo que debía hacer. Lo levanté, ligero como una pluma, como si no tuviera consistencia. Empecé esa meditación y emprendí el camino por un sendero muy particular; luego, en cierto momento, giramos y subimos unas escaleras y caminamos hacia la luz.

»Después de subir esas escaleras, su cuerpo etéreo se volvió más y más fuerte, hasta el punto de poder dejarlo en el suelo para que pudiera seguir caminando conmigo, a mi lado. Y así lo guie hasta la luz. Conforme nos acercábamos, vimos una puerta de la que salía una fuerte luminosidad; era increíble. Y mi abuela, con la que mi padre tenía una relación muy cercana, apareció de pronto de aquella luz. Mi padre... la expresión en su rostro denotaba tanta paz y felicidad. Esa mirada de júbilo que puso cuando vio a mi abuela no se la había visto en muchísimos años. Entonces fue y la abrazó con fuerza, y en ese instante, mi tío apareció de la luz. Se unió al encuentro y para ellos tres, la dicha fue impresionante.

»Ninguno me tocó ni habló conmigo. Me dejaron muy claro que yo no formaba parte del grupo. Pero había cumplido con mi objetivo. Había llevado a mi padre allí y ahora se ocuparían ellos; así me sentí. Luego mi padre se giró, me miró con una sonrisa enorme y me dijo: "No sabía que fuera tan fácil". Y los tres se dieron la vuelta y se adentraron en la luz.

»A continuación, volví en mí y regresé a la camioneta de mi amigo Brian, que justo estaba llegando a casa. La experiencia me había dejado agotado y muy sensible. Le dije: "Me voy a la cama". Me desperté a la mañana siguiente cuando sonó el teléfono. Era mi hermano y me dijo: "Papá ha muerto". Y le respondí: "Sí, lo sé". Y lo sabía.

»Murió unas tres horas después de mi experiencia. No me cabe duda de que lo que ocurrió allí fue el motivo por el que pudo cruzar al otro lado. El cáncer le había destrozado el cuerpo. Estaba aguantando solo por pura determinación y fuerza de voluntad. Y eso fue lo que me dijo, que no sabía cómo. No sabía cómo cruzar al otro lado. Mi función fue ayudarlo a hacerlo».

Mark escribió su experiencia justo después. «Fue como: "Necesito escribirlo o si no, lo olvidaré"». Pero también admite que cuando recuerda la historia, piensa más en imágenes que en palabras. «No sé si tengo muchos detalles sobre cómo era ese sendero, pero no estaba oscuro. No era como cuando se está en el bosque por la noche. Simplemente no había nada. Y en esa nada se encontraba el brillante arco de luz. No dolía mirarla. No era dolorosa. Era profunda y muy especial. No era una luz fija y constante. Parecía tener diferentes atributos, partes de ella eran más blancas y otras más amarillas, y no era estática en absoluto. Era dinámica, tanto como que parecía que se estuviese moviendo». En cuanto a su abuela y su tío, Mark dice que sintió «su huella energética» más que otra cosa. «Creo que mi mente lógica relacionó esas huellas energéticas con sus rasgos, pero no puedo decir realmente que recuerde haberlos visto en su forma física. Creo», añade Mark como reflexión, «que lo más destacable de lo que viví fue la sensación de conocimiento. Como si aquella luz tuviera consciencia».

Desde entonces Mark se ha replanteado su propia actitud hacia la muerte. «En algún momento en el futuro me tocará morir a mí, y me siento muy tranquilo con esa idea. Las leyes de la naturaleza son nacer, morir y volver a nacer. Estamos más supeditados a las leyes de la naturaleza que a las de los humanos. Hemos elegido creer que la ley de los humanos es algo que podemos anteponer a las de la naturaleza o del espíritu, pero no es cierto.

»Dos años después de que muriese mi padre, tuve un sueño. Estaba caminando por un carril de tierra y mi padre estaba en medio. Cuando me acerqué a él, me rodeó con sus brazos y me abrazó antes de decir: "Oh,

Mark, estoy tan orgulloso de ti". Exudaba tanto amor. Nos abrazamos durante un buen rato. Y recuerdo que en ese sueño tuve que apartarme de él y seguir caminando. Luego la carretera se dividía en dos direcciones. Estaba en la bifurcación, mirando a la izquierda y a la derecha, pero tenía que decidir por dónde seguir. Cuando desperté del sueño, lo comprendí. En algún punto de mi vida tenía que dejar a mi padre atrás.

»Creo que mi relación con la muerte me ha ayudado a ser más sabio. Y doy gracias por ello».

La experiencia de Mark combina muchas características principales de las EMC como el viaje, la luz brillante, la bienvenida de otros familiares y la abrumadora sensación de conocimiento. Pero también son bastante significativas la suspensión del espacio y tiempo y el papel de Mark como guía. Algunos individuos que experimentan una EMC se encuentran acompañando a la persona que está falleciendo, pero a otros se les encomienda la tarea de guiarla hasta otro reino. Jeanne y Mark tuvieron ese papel de guía con sus respectivos padres. La habilidad de actuar como guía en una EMC remota parece volverse accesible si el individuo tiene experiencia con el *mindfulness*, o conciencia plena, y tanto Mark como Jeanne habían estudiado meditación y meditaban de forma regular.

Un elemento clave adicional en las experiencias de Mark y Jeanne es el hecho de que ambos habían cerrado los ojos. Esta desconexión de uno o más sentidos, que permite que haya menos distracciones y la concentración sea mayor, también parece crear un ambiente ideal para una EMC. Recuerda que la experiencia de Ida N. ocurrió mientras estaba en la cama. De hecho, como hemos visto y seguiremos viendo, para que una EMC ocurra, a menudo es esencial estar en un estado de sueño, descanso o meditación. Nuestro siguiente caso incorpora tanto el concepto de guía de una forma distinta como la importancia de estar en un espacio de descanso para que la EMC tenga lugar.

6

ÁNGELES

Hasta ahora, cuando nos hemos topado con guías o personas que reciben al fallecido en el más allá, generalmente son alguien que conocían, ya sea un familiar o, en el caso de Scott, Jeanne y Mark, seres queridos o familiares actuales que ayudan o conducen a la persona durante su transición. Pero las entidades no humanas también están presentes en gran parte de nuestras creencias religiosas y culturales de la muerte: los ángeles, que sirven de mensajeros y también de guía hacia el reino celestial. Tanto la Torá judía como el Antiguo Testamento de la Biblia cristiana contienen muchas referencias a los ángeles, al igual que también ocurre en el Nuevo Testamento. En el Éxodo, Dios promete que un ángel protegerá y conducirá a Moisés y a los israelitas en su viaje. En la mayor parte de las representaciones bíblicas los ángeles están presentes en la tumba vacía de Jesús. El Evangelio de Mateo hace referencia expresamente a «un ángel del Señor», mientras que Marcos y Lucas incluyen referencias angélicas a hombres ataviados con «ropas resplandecientes». También aparecen referencias en las Escrituras a los ángeles de la guarda, cuya tarea es cuidar a los humanos durante nuestro tiempo en la Tierra.

Algunas personas que han vivido experiencias de muerte compartidas han detallado minuciosamente imágenes de seres angélicos o celestiales que aparecen y acompañan a su ser querido cerca o durante la hora de su fallecimiento. Al marido de Stephanie L. le diagnosticaron cáncer de pulmón en enero de 1999. Por aquel entonces ambos vivían en Washington D. C. «Era un hombre fornido y muy sano, pero también un fumador empedernido y sus padres habían fallecido de cáncer», recordaba ella.

«Cuando se lo diagnosticaron no me sorprendí. Lo que sí me chocó fue que pasase después de que cumpliera los cincuenta. Ambos nos quedamos conmocionados por que le quedasen aproximadamente seis meses de vida. Éramos un matrimonio muy feliz y teníamos tres hijos mayores. Cuando él se enteró de que se estaba muriendo, se cerró en banda. Los días y semanas se convirtieron en una vorágine de citas médicas y hospitales hasta que un viernes por la noche, cuando lo ingresaron, el médico me dijo que ese sería su último viaje al hospital. Nos asignaron una habitación en el área de cuidados paliativos».

Durante tres días «pasaba de la consciencia a la inconsciencia, pero casi siempre estaba lúcido». El lunes por la noche se despertó de madrugada, agarró la mano de Stephanie y empezó a gritar y a despotricar. «No me soltaba. Empezó a intentar bajarse de la cama y yo me asusté. Me puse a llamar a una enfermera a gritos. Cuando por fin vino, tranquilizamos a mi marido. El martes entró en coma, así que aquella fue la última comunicación verbal que tuve con él».

Stephanie no se alejó de su marido en ningún momento. «Me senté junto a su cama, con el brazo siempre pegado al suyo porque no sabía lo mucho que comprendía o si sabía lo que le pasaba. No quería que se asustase. Quería que supiera que estaba ahí». Recordó que en cierto momento se sentía tan agotada que también apoyó la cabeza. En ese momento sintió como si «ya no estuviésemos en esa habitación.

»Estábamos dentro de una luz blanca y muy brillante, mucho más cegadora que cuando se mira al sol, pero se podía ver. No hacía daño a los ojos». Ni Stephanie ni su marido estaban en su «forma humana», y ella vio «a otros dos entes allí». Era un lugar en el que «no había dolor ni sufrimiento. Lo sabía todo. Fui capaz de entender todo lo que no había podido antes. Fue como si comprendiese el universo. Sentí paz».

Recuerda ver cómo los dos entes y la forma de su marido se giraban hacia ella y se comunicaban con ella: «No puedes proseguir. Debes volver». Comentaba: «Sabía que mi marido estaría bien». Entonces, «en ese instante, volví a mi cuerpo. Levanté la cabeza y me di cuenta de lo que había pasado.

Intenté apoyar la cabeza otra vez porque quería volver allí. Quería estar con él allí, pero no pasó nada».

Stephanie desvió la mirada «esperando ver a mi marido muerto». Aunque no falleció hasta tres días después, creyó que él ya se había ido y que había cruzado a «una dimensión distinta». Desde ese momento hasta su muerte, permaneció inconsciente y Stephanie «no vivió nada». Echando la vista atrás, describió ese momento como «si me hubieran transportado. En un segundo había apoyado la cabeza y al siguiente me encontraba en otra dimensión». En ese otro espacio Stephanie describió a su marido como si fuese «pura energía. Ni él ni los otros entes tenían forma, nada que los identificase como hombre o mujer, joven o mayor. Eran casi entes gaseosos frente a mí». Y, sin embargo, sabía que se trataba de su marido. «No se asemejaba en nada a él, no parecía humano, y sin embargo supe que era él». Stephanie fue capaz de interpretar «todo» lo que le dijo a pesar de no haber comunicación verbal. La mejor palabra que se le ocurrió fue «telepático», la sensación de que pudo leerle la mente. «Sé que va a sonar raro, pero nos comunicamos con la energía sin necesidad de hablar. En ese espacio todos estábamos tan conectados que no hizo falta usar la forma arcaica de comunicación que los humanos hemos establecido entre nosotros».

En cuanto a la experiencia, dijo que «me pareció muy cómoda. Me sentí como si regresase a algo que ya conocía. Como cuando nos enseñan matemáticas y damos las sumas y las restas. Siempre sabemos que dos más dos es cuatro. Está grabado en nuestra mente. Pues así me sentí. Tenía la sensación de saberlo todo». El impacto que tuvo la experiencia en Stephanie sigue siendo profundo. Añadió que seguía sintiendo como si hubiese pasado «hace cinco minutos. No he dejado de sentirlo. Me ha cambiado la vida. No he vuelto a ser la misma».

A la vez eso la condujo a aislarse ligeramente de su familia y amigos con el tiempo. «Al principio me lo guardé para mí. Nunca he tenido a nadie con quien hablar sobre estos sucesos. Los describí en mi cuaderno de experiencias, pero nunca tuve un lugar en el que buscar recursos». En su sinagoga una gran multitud se reunió para el funeral. Stephanie estaba destrozada por la pérdida, pero «no estaba destrozada por su muerte, porque la había experimentado. Sabía que él estaba bien, que se había ido a un lugar seguro, maravilloso y afectuoso y que estaría bien. Me resultó muy distinto, porque lo entendí. Lo echaba de menos físicamente en este mundo, pero sabía que estaba bien. Por otra parte, tuve que lidiar con todos mis amigos y familiares, que no habían vivido aquella experiencia conmigo».

Unos seis meses después Stephanie se acercó al rabí de su congregación, que había guardado mucha relación con su marido. «Le conté lo que había pasado. Él se reclinó en su silla y me dijo: "Bueno, he oído hablar de esas cosas, pero nunca las he vivido". Fue casi como si me estuviese diciendo: "Ah, muy bien, me alegro de hablar contigo. Adiós"». Después de zanjar la conversación, Stephanie comentaba: «Me desanimé muchísimo». Sus familiares y amigos reaccionaron de forma parecida cuando sacó el tema de su experiencia. Incluso cuando les contó un poco a sus hijos, su reacción fue «mirarme como diciendo: "Esto ha superado a mamá, se ha vuelto loca"».

Finalmente, Stephanie acudió al oncólogo que había tratado a su marido. «Recuerdo ir a su despacho y explicarle lo que había vivido. Supongo que buscaba a alguien que hubiera pasado por algo parecido. Ninguno de mis amigos o compañeros de trabajo ni nadie en mi campo lo había experimentado, y si lo habían hecho nadie lo admitió. Cuando me senté y hablé con el oncólogo, vaciló, se levantó y se dirigió hacia la puerta para cerrarla. Volvió, se sentó y me dijo: "Jamás se lo contaré a nadie más, pero voy a contártelo a ti. Cuando aún era residente y estaba haciendo mi ronda en urgencias, un día perdimos a alguien. Vi cómo su cuerpo se elevaba y una forma salía de su cuerpo". Aquella fue la primera vez que alguien reconocía que no estaba loca, que ese tipo de cosas pasaban. Para mí aquello supuso un giro radical». En efecto, el rechazo de la EMC tiene un efecto duradero en la persona que la vive. Concretamente, los sacerdotes y el personal médico pueden causar un gran impacto según cómo traten a alguien que ha revelado su experiencia de muerte compartida. Un rechazo puede resultar muy doloroso y, al contrario, expresar comprensión y apoyo puede ser verdaderamente transformador, tanto en ese momento como en el futuro de la persona que vive la experiencia.

Stephanie decidió dejar a la gente y el lugar que su difunto marido y ella habían llamado hogar. Se mudó a Florida y empezó a hacer amigos más orientados a lo espiritual. Rehizo su vida y encontró mucha más paz, pero añadió que entendía lo que los Amish u otros «sienten cuando los expulsan de sus comunidades». Explicó que muy pocas personas son capaces de soportar que se hable de este tipo de experiencia.

Mientras que Stephanie vio a seres angelicales con su marido, en el caso de Mary G. fue su madre moribunda la que la guio a sentir y a ser consciente de que una presencia energética las estaba rodeando. El padre de Mary, médico alcohólico, había fallecido anteriormente por insuficiencia renal y otras enfermedades derivadas. «Él no se quería morir. No quería dejar a mi madre sola porque ella era como una niña; le preocupaba cómo iba a seguir viviendo». Ironías de la vida, falleció en el hospital cuando la familia se marchó un rato para celebrar el cumpleaños de la madre de Mary. «Falleció mientras nos estábamos comiendo la tarta, y sé que eso tiene algún significado.

»Para muchos de nosotros, nuestros padres son mamá y papá, mamá y papá. Una parte de nosotros sigue siendo un bebé que quiere que estén con nosotros para siempre». Mary describe a su madre como una persona bastante difícil con ella y con sus hermanos.

«Desde que era adolescente he sido yo la madre. Asumí el papel de cuidadora. Después de la muerte de mi padre sentí que mis hermanos se dispersaron emocionalmente y la dejaron a mi cargo. La llamaba todos los días y comprobaba cómo estaba, aunque lo cierto es que no quería pasar mucho tiempo con ella porque era una persona difícil. Todos lo intentábamos. Hicimos lo que pudimos para ayudarla a vivir durante muchos años».

A la madre de Mary le diagnosticaron demencia senil a los noventa y seis años. «Tuvimos que sacarla de casa, pero cuando la llevamos a una residencia de día, su ánimo cambió radicalmente. Enseguida se rodeó de gente, empezó a entretenerse con cosas e hizo amigos». Sin embargo, no podía vivir sola, así que Mary se mudó con ella durante dos años.

En 2020, «cuando pasó lo de la pandemia nos quedamos encerradas. Su salud había empezado a decaer, pero a partir de entonces empeoró muy deprisa. Empezó a hablar con "gente" por la noche y a alterarse. Noté que había empezado a trasladarse a un mundo más espiritual y a conversar con personas a las que yo no podía ver. Hubo una noche que estuvo así durante ocho horas, desde medianoche hasta las ocho de la mañana. En su mente el presidente seguía siendo John F. Kennedy y creía que su madre y sus hermanas estaban allí». Lo que la madre de Mary vivió tiene un nombre. Nos referimos a ello como «visiones pre mórtem». Técnicamente no forman parte de la EMC porque le suceden a la persona moribunda antes de fallecer, pero son una señal importante de que se aproxima la transición de este mundo al otro. Normalmente son muy significativas e impactantes y parece que también juegan un papel importante en ayudar y dirigir a la persona.

Durante unos días, la madre de Mary parecía más lúcida, pero más tarde volvió a su estado alterado. Mary se tumbada con ella. «No quería que se cayese de la cama ni que le pasara nada malo». Dice que a menudo parecía como si su madre estuviese en una fiesta o una boda. En cierto punto, Mary recuerda decirle a su madre: «Tengo celos. Yo también quiero ir a esa fiesta. Parece grande». Entonces, «mientras tanto, vi que estaba hablando con alguien. Entonces intenté hablar yo también, pero ella se giró hacia mí y me dijo: "No, tú no. Este es mi mundo y aquí es a donde iré. Tú tienes que quedarte aquí, en este mundo". En otros momentos decía cosas como "No puedo hacerlo" o "Esto es muy duro"».

La última noche, la madre de Mary se cayó dos veces de la cama. «Le dije: "No puedes seguir cayéndote de la cama porque necesito la espalda para trabajar"». Mary subió a su madre a la cama, «y fue ahí cuando ella vio al ángel. Estaba hablando con mucha gente y bla, bla, bla, lo normal, y de repente señaló, estiró el brazo hacia algo y ahogó un grito. Le pregunté: "¿Qué pasa?". Y ella respondió: "Es un ángel". Yo le dije: "¿De verdad? ¿Cómo es?". Y ella me contestó: "Es preciosa". Por supuesto, llegados a ese punto yo comprendí que ya no estábamos en Kansas.

»Intenté sentir al ángel. Intenté verlo y sentirlo, pero fue demasiado que asimilar y me sentí abrumada. Intenté asegurarme de que estaba bien, pero el cuerpo me hormigueaba y sentí como si estuviera frente a Dios.

»Fue algo divino, como si la habitación se hubiera transformado en otra. Aumentó de tamaño, se volvió más suave y dejó de pertenecer a este mundo. Ya no estábamos en el plano terrenal. Estaba aquí, pero una parte de mí estaba allí con ella y me sentí totalmente absorbida. Fue como si me estuviesen mostrando que había algo más y que no tenía de qué preocuparme. Que había algo más, Dios o lo que fuera, y que no me preocupase sobre qué hacer.

»Fue como si una fuerza enorme capaz de atravesar los mundos hubiera venido a por ella. Y su mensaje para mí fue que no tenía que preocuparme ni por ella ni por nada».

Mary lo reflexionó y dijo: «Cuando empecé a cuidar de ella, simplemente seguí mi guía interior. No había nadie más que pudiera hacerlo. Durante dos años no supe que ese iba a ser mi regalo al final, mostrarme que hay algo muy poderoso más allá». Aunque su familia era católica, Mary dice: «No soy religiosa, sino más bien una mezcla entre pagana y budista, pero la devoción allí fue tan evidente, y todos los seres entraron a formar parte de esa devoción… Si mis antepasados fuesen una banda, Dios sería el promotor entre bastidores. Dios era el productor y todos estaban allí».

Y añadió: «Sí que sentí una gran tristeza después, pero ahora el duelo va de la mano de esa devoción». Comentaba que el consuelo había sido «saber que hay un plan, que la vida sigue algún tipo de dirección divina, ese fue el mensaje que sentí. Me pareció un regalo. La protagonista realmente era ella, pero no sé cómo, tuve la suerte de estar allí».

Una de las descripciones más detalladas de «seres de luz hermosos y amables» con las que me he topado fue la de Celia B., que ayudó a cuidar de su madre, pero no estuvo junto a ella cuando falleció. Su historia captura la amplitud, el poder y finalmente las opciones sanadoras de la experiencia de muerte compartida en muchos sentidos.

«Mi madre era la mujer más activa, deportista y enérgica que te puedas imaginar, pero le diagnosticaron un linfoma no Hodgkin. Se lo trataron con quimioterapia y radiación, pero uno de los efectos secundarios fue que le destrozaron las vainas nerviosas y perdió la capacidad de andar. Quedarse en silla de ruedas y sintiendo tanto dolor fue algo durísimo. Llegó al punto en que mi padre no podía cuidarla. La metimos en una residencia en la que se quedó postrada en la cama. Unas auxiliares iban a cuidar de ella y tenían incluso que usar una grúa para levantarla de la cama.

»Allí, los residentes estaban leyendo un libro escrito por un físico de Harvard sobre morir con dignidad. Básicamente decía que nuestro sistema médico moderno está tan enfocado en mantener a la gente con vida a pesar de su calidad de vida que no somos capaces de ver más allá. Fue la comidilla de los mayores en la residencia. Tras varios meses allí, mi madre tomó la valiente decisión de acabar con su propia vida dejando de comer y beber. Sentía que no estaba viviendo dignamente. A causa de la medicación, a menudo se sentía perdida. Sintió que ya no tenía calidad de vida.

»Poco después, en su residencia se corrió la voz de lo que Marie pretendía hacer: iba a acabar con su vida. Sin embargo, la administración no podía permitirlo. De ser así, perderían su licencia en Massachussets, así que tuvimos que llevarnos a mi madre de vuelta a su dúplex con papá. Le pusimos una cama de hospital en el salón y preparamos sus cuidados paliativos. Nos enteramos de que el proceso duraba dos semanas.

»Antes de eso, el peso de cuidar de mi madre había recaído en mi padre y en mi hermana. Yo volaba a California y me quedaba un par de semanas cada vez para darles un respiro. Cuando mi madre tomó aquella decisión, yo tomé la decisión de estar con ella durante esas dos semanas con la ayuda de mi padre, mi hermano y mi hermana. Me ofrecí a estar a cargo de la medicación y de cerciorarme de que los auxiliares y los enfermeros de cuidados paliativos le diesen la medicación correcta para el dolor. Es una tarea dura para una hija, porque a veces mi madre salía de su estupor, estaba con mucho dolor y gritaba: "¿Dónde está mi medicación?". Y sabía que yo era la encargada de eso. Tenía que llamar al médico o al hospital y decirles que ya le había dado lo que le habían pautado.

»Pasamos dos tardes maravillosas en familia en las que estuvo bien. Una noche pedimos comida china y mi padre, mi hermano, mi hermana y yo nos quedamos allí. Mamá nos hizo reír mucho. Controlaba su cama de hospital y pulsó un botón. Empezó a levantarla y dijo: "Estoy levantándome de mi sarcófago". Entonces mi hermano bromeó: "Al fin y al cabo, eres nuestra mamia". Todos nos echamos a reír y después contamos historias y cantamos juntos.

»Durante la segunda semana durmió mucho más. El sábado, dos días antes de fallecer, estaba tan cansada que le dije a mi padre que necesitaba pasar la noche en un hotel. Habíamos ido de senderismo para salir un poco, y al volver mi madre ya no hablaba. Aquello todavía me entristece. El domingo estaba muy ida, así que mi hermano tocó el violín para ella.

»Pasé otra noche en el hotel. Mi hermano volvió a casa, a Maine, y mi hermana se marchó a la suya. Yo me desperté temprano y empecé a meditar, como siempre intento hacer. Mientras estaba meditando sentí como si me guiasen hacia una luz muy pura. No sabía por qué, pero confié y me dejé llevar. Recuerdo descansar en un espacio precioso y limpio. Después me vino la imagen de mi madre; no de sus rasgos, sino de su energía. Estaba rodeada de unos seres de luz hermosos y amables. Eran altos, más altos que ella, y la rodeaban. No tenían rasgos descriptivos, pero su apariencia era bella. Había entre seis y ocho. La energía era preciosa, así como su forma de sujetarla. Noté una sensación fuerte de que todo iría bien. Recuerdo estar sentada, observando la escena, y el mensaje de que todo iría bien, de que mi madre estaba bien.

»Me quedé con esa imagen un tiempo y después se pasó. Recuerdo haber pensado: "Bueno, ha sido interesante". Poco después de las ocho llamé a mi padre para organizar el día y me dijo: "Tu madre acaba de morir". Fui corriendo y vi que se había marchado de su cuerpo. Recuerdo abrazar a mi padre, que estaba llorando. Recé y oré por su cuerpo y colocamos una flor preciosa sobre su pecho. Entonces, la funeraria vino, la envolvieron y se la llevaron.

»Y mientras se la llevaban mi padre estaba desconsolado. Lo abracé, le conté lo que había visto y él se echó a llorar otra vez. No es religioso ni cree en nada espiritual, pero creo que oír cómo había sido mi experiencia lo consoló. También le dije que mamá lo quería mucho y que nunca estarían separados. Las palabras fluyeron a través de mí, claramente fue un mensaje de ella para él.

»Unos días después fuimos a casa de uno de sus vecinos para tomarnos unos cócteles. Había unos cinco amigos suyos de unos ochenta y tantos años. Mi padre me dijo: "Celia, cuéntales lo de tu experiencia". Me pareció increíble que lo comprendiese y que le hubiese calado. Es de los que, si hago meditación, siempre me pregunta: "¿Cómo ha ido tu sesión espiritista?". Me alegró mucho que mi experiencia sirviese de mensaje tranquilizador para mi padre y para sus amigos».

Durante el tiempo que pasó desde su experiencia, Celia reflexionó sobre esa mañana y se preguntó «si al meditar en aquella luz brillante, quizá había estado apoyando o ayudando a mi madre, o algo así».

La experiencia de ver y saber que hay guías o seres angelicales en torno a la hora del fallecimiento que cuidan y ayudan a nuestro ser querido fue transformador para Stephanie, Mary y Celia. Además, al contar lo sucedido todas utilizaron el concepto de «regalo», aunque con palabras distintas, para describir su experiencia. El concepto de haber recibido un regalo especial y haber obtenido una perspectiva especial sobre la pérdida de un ser querido está entre los temas más generales expresados por el amplio abanico de personas cuyos casos hemos estudiado.

Sin embargo, los casos de Stephanie, Mary y Celia también hablan de otro fenómeno que hemos descubierto mientras compilábamos estas experiencias de muerte compartidas: de todas las personas que hablan de sus EMC, un 85 por ciento son mujeres. Podemos teorizar que se debe en parte al rol tradicional de la mujer como cuidadora y quizá a que las mujeres practican más la espiritualidad. Pero resulta sobrecogedor que el mensaje de las EMC parece ser recibido más abiertamente por mujeres. La razón sigue sorprendiéndome y fascinándome no solo como investigador, sino como psicólogo y hombre que trabaja casi exclusivamente con familias y personas en contacto con la muerte.

7

TRAUMAS Y EMC

Hasta ahora hemos explorado ampliamente sucesos en los que la muerte, aunque repentina, no había sido del todo inesperada. Siempre hay un empeoramiento de la salud, una enfermedad grave, un nacimiento prematuro o un terrible accidente que deja a la víctima en coma. Incluso el lenguaje que usamos para hablar de estos momentos captura su gran fragilidad: usamos expresiones como «luchar por su vida» o de «aferrarse a la vida». Reconocemos que la vitalidad y la longevidad no están aseguradas. Sin embargo, hay otras formas de morir para las que casi nadie está preparado. Entre ellas, los traumas, la sobredosis y el suicidio son tres de las más devastadoras. Cada año más de 150 000 personas en Estados Unidos mueren por un trauma, a menudo repentino, y muchas de ellas son jóvenes que acaban de entrar en la flor de la vida. Las drogas se cobran al año más de 50 000 víctimas; en 2020, durante la pandemia del COVID, el número de muertes por sobredosis en EE. UU. ascendió a más de 90 000. Alrededor de dos tercios de las más de 900 000 sobredosis que han tenido lugar durante las últimas dos décadas han estado relacionadas con algún tipo de opiáceo. El número de muertes por suicidio a menudo coincide con el de las sobredosis; casi 50 000 personas se quitan la vida al año. Una pregunta que no dejó de rondarme la cabeza cuando empecé esta investigación fue si sería posible tener una experiencia de muerte compartida cuando ocurre un suceso tan repentino y desgarrador como estos y, en caso afirmativo, cómo afectaría ese trauma al transcurso de la EMC. Me preguntaba: ¿Hay siquiera un lapso u oportunidad para que esa comunicación pudiese ocurrir o el trauma de alguna manera evita que la EMC tenga lugar? Y en el caso de que la EMC sí ocurra, ¿qué significaría para la persona que muere y para los familiares y amigos que deja atrás? La respuesta corta es que las EMC son posibles, pero toman formas distintas. Cuatro individuos que han experimentado una muerte traumática de otra persona han compartido sus historias conmigo, tanto el suceso en sí como lo que dedujeron de la muerte repentina y de sus posteriores EMC.

Las pérdidas traumáticas pueden ser de las más difíciles de comprender. ¿Cuántos de nosotros nos vemos en la tesitura de encontrar las palabras adecuadas para ofrecer consuelo a una familia que se ha visto azotada por un suicidio, una sobredosis o un horrible accidente? Es cierto que, pese a la tragedia, he tratado a muchos familiares y amigos afligidos que han tenido que enfrentarse a una segunda desolación al no verse respaldados ni consolados cuando se revelan las causas de la muerte. En este contexto, hace falta tener mucho coraje para hablar de las EMC y de charlar sobre lo que vivieron en ellas.

Cuando hablamos con Dawn B. la primera vez, nos quedó claro que si algo tenía era coraje. «Creo que soy una persona muy fuerte. Sé gestionar todo tipo de situaciones; cuanto más me echas encima, mejor soy. Llevo dieciocho años trabajando en urgencias, así que veo la muerte muy a menudo. Yo cuido de la muerte. Cuando tenía unos treinta años y había vuelto a la universidad para estudiar enfermería, también trabajé en un banco de tejidos, una empresa que almacena piel, huesos y cosas así. Estuve ahí dos años. Siempre he sentido mucho respeto por todo el tema de los espíritus, las almas y esa clase de cosas.

»Tengo tres hijos. Sean tenía veintiocho años por aquel entonces. Shane, veinticinco, y mi hija, veinticuatro. Tuve a Sean con dieciocho. Me casé con mi novio del instituto, nos divorciamos y me volví a casar.

»Sean entró en la marina. Cuando salió, viajó y empezó a trabajar en Sears. Todos los meses era el empleado con mayores ventas. Ganaba lo justo para vivir, pero nunca se quejó. Una vez a la semana, solíamos comer juntos en algún lugar cerca de Sears. Era muy irónico, en el buen sentido, y tenía un pelo parecido al de James Dean. Iba a volver a la universidad para estudiar informática. Nos apuntamos juntos a una clase de literatura contemporánea en la universidad y siempre solíamos comentar los libros. Era un chico muy tranquilo.

»Era el 15 de mayo de 2017, el día después del Día de la Madre, y cinco días antes de que Sean se volviese a casar. En torno a las once de la mañana, Sean me llamó. Quedé con él, con uno de sus amigos y mi hija para almorzar. Lo pasamos bien juntos, nos reímos y hablamos». Sean no cobraba hasta ese viernes, así que Dawn fue a su coche para darle algo de dinero en efectivo extra. Su despedida de soltero era esa noche. «Iba a darle dinero, pero se me olvidó que todo lo que tenía en efectivo ya se lo había dado a mi madre por el Día de la Madre. Él apoyó una mano en mi hombro y me dijo: "No te preocupes". Un par de horas después, me envió un mensaje diciendo: "Eres la mejor". Yo le respondí: "¿Por qué?". Y contestó: "Porque lo eres". Le había transferido antes cien dólares a su cuenta del banco, así que le dije: "No quiero que tus amigos lo paguen todo. Me gustaría que tú también pagaras algo"».

Sean y sus amigos «salieron a un pequeño sitio en el que se jugaba al ping-pong. Eran seis, y todo el grupo estaba jugando a eso. Sean rompió una pala y él y sus amigos cruzaron la calle hasta un Walmart para comprar otra, pero no era un Walmart normal y corriente, sino un supermercado Walmart. Así que fueron al CVS y compraron tentempiés y cerveza. Estaban cruzando la carretera de vuelta cuando un coche atropelló a dos de ellos.

»Yo estaba en casa, pegando flores en un gran marco de cartón para hacernos fotos en la boda. Le mandé un mensaje a Tessa, la prometida de Sean, preguntándole: "¿Te gusta? ¿Sabes lo que es?", y ella me respondió: "¿Es papel tisú?". Y fui a escribirle que sí. Pero mientras estaba tecleando, de repente, ya no veía el teléfono. No veía nada. Mis pies se levantaron del suelo. Sentí que iba a desmayarme y me entraron náuseas. Me eché hacia atrás en el banco donde estaba sentada y miré a mi espalda porque teníamos un montón de flores en el suelo de la cocina y en el pasillo, y entonces, de repente, sentí: SEAN ESTÁ MUERTO. En mi mente dije: "Estamos perdiendo el tiempo. Sean no va a poder disfrutar de estas flores".

»A las 22:31 recibí una llamada de Tessa para decirme que habían atropellado a Sean, y me dije: "Ha ocurrido a las 22:27". Casi cinco minutos antes. Una semana o así después, estábamos en la DGT para recoger los vehículos de Sean y ponerlos a nuestro nombre, y vi que el informe del accidente decía: "Hora del accidente: 22:28". Esa fue la hora a la que llamaron al 112. Dije: "¿Veis? Os dije que había pasado a las 22:27", un minuto antes de la llamada a emergencias, porque le conté a mi familia, a mis amigos, a todo el mundo, que algo me había ocurrido. No sé explicarlo. Se lo conté a todo el mundo, desde católicos a baptistas, y a gente que no cree en nada. Lo sentí. Sentí lo que pasó. Sentí el accidente. Podría decirte justo en qué momento.

»Mi marido, Toby, me llevó al hospital. Cuando nos montamos en el coche, le dije que Sean estaba muerto. Él es enfermero en traumatología y te dirá que jamás puedes confiar únicamente en lo que alguien te dice por teléfono. No dejaba de repetirme: "Espera a que lleguemos y veamos qué ha pasado, y entonces sabremos su estado". Pero yo no dejaba de repetirle, una y otra vez, que Sean se había ido. Ya lo sabía. Lo llevaron al hospital donde Toby trabaja, y cuando llegamos, Toby entró y escuchó el informe del SME. Yo destacaba allí en la entrada de urgencias. Habíamos llegado antes que la ambulancia. Mi marido salió y me dijo: "Está mal, van a intubarlo en cuanto llegue". Y le dije: "Vale". Cuando Sean salió de la ambulancia, ya estaba intubado.

»Recuerdo los guantes azules del neurólogo. Entró y nos dijo que no podía salvarlo, que tenía un tipo de lesión cerebral imposible de operar. Sean vivió durante catorce horas más; bueno, su cuerpo lo hizo. Le dije a su prometida: "Baja la barandilla de la cama y acuéstate con él. Pasa tiempo con su alma". Pero cuando lo dije, supe que su alma ya no estaba en ese cuerpo.

»Cientos de personas vinieron a mi casa porque nos estábamos preparando para su matrimonio, y ahora íbamos a enterrar a Sean el día antes de su boda. Tuvimos que inflar colchones en el salón y literalmente tuve que pasar de puntillas por encima de la gente para llegar hasta el ordenador. Lo único que pude buscar fue: "¿Puede un alma atravesar nuestro cuerpo? ¿Qué ocurre cuando un alma sale del cuerpo? ¿Puede un alma abandonar el cuerpo antes de haber muerto?".

»Al principio decía: "¿Me crees?". Y se lo conté a todos: "Esto fue lo que pasó". Ahora no me importa quién me cree y quién no. No estoy buscando pruebas. Mi alma sabe al cien por cien qué fue lo que viví».

Cuando Dawn cumplió los cuarenta, le diagnosticaron cáncer de mama triple negativo. Recordaba estar sentada en el porche trasero de su casa con Sean, ambos llorando, y él preguntándole: «Mamá, ¿cómo lo has pescado?». Ella le contó que creció en los setenta, cuando el McDonald's y la Coca-Cola «estaban de moda». Sean solía animarla diciéndole: «Eres la mujer más fuerte que conozco». Añadió: «Y le di vueltas muchísimas veces, sobre todo justo después. Pensaba: "¿Vino para decírmelo, para que fuese fuerte?"».

Dawn es una persona dinámica y sencilla, con gafas y un corte de pelo recto y práctico. Evita el maquillaje y a juzgar por las paredes de su casa es evidente que adora a sus nietos. Pero fue imposible no percibir la convicción en su voz cuando habló del efecto posterior a su experiencia. «He pasado por un duelo normal y corriente, pero creo que no ha sido tan duro gracias a lo que viví. Creo en un Dios. Creo que veré a Sean otra vez algún día en espíritu. No me da miedo morir, nunca me lo ha dado, pero creo que ahora me siento más cómoda si Dios quisiera llevarme hoy».

Más que nada, Dawn dijo: «Seré una ciudadana norteamericana como otra cualquiera, con un sueldo y vida promedios, con tres hijos decentes y que no toma medicinas, pero jamás me callaré: "Esto es lo que me pasó. Sentí a mi hijo cuando abandonó este mundo"».

Otro poderoso ejemplo de experiencia de muerte compartida en una muerte repentina es el que está relacionado específicamente con el trauma de la sobredosis. No pierdas detalle de las historias de Sarah M. y Jackie P., dos entre las más de un millón de personas que se vieron afectadas por los estragos que causó la actual epidemia.

Sarah fue bombera en California durante veintisiete años. Es la más joven de cinco hermanos y creció en una familia militar, por lo que tuvieron que mudarse de base constantemente. Se describió a sí misma como una «cristiana espiritualmente inclusiva». También estudió el budismo, y una hermana suya se convirtió al judaísmo. Sarah comentó que tenía mucha relación con todos sus sobrinos, «los quiero a todos», pero que en particular sentía una debilidad por las dos hijas de su hermana mayor.

«Fueron al instituto cerca de donde yo vivía, así que siempre han estado muy presentes en mi vida». Sarah solía escribirse con su sobrina Leila durante la semana. Después de graduarse de la universidad, Leila se convirtió en periodista y empezó a viajar por el mundo. Se casó y dio a luz a su hija, y luego se divorció. Sarah recordaba que Leila era «muy alegre, pero tenía muchos problemas. Creo que no nos dimos cuenta. Al ser bombera, veía muchas drogas y alcohol. Mi hermana es enfermera, pero, por alguna razón, con Leila no supimos darnos cuenta».

Leila se asentó en Boston, pero seguía bebiendo. Su madre, la hermana de Sarah, había viajado a la costa este y se pasó seis semanas intentando «estabilizarla». Leila lo estaba pasando mal como madre soltera y en el trabajo. Era noviembre de 2016. Sarah recuerda: «Estaba enviándole un mensaje a Leila en el que le preguntaba: "¿Cómo estás sin tu madre?". Ella me respondió: "Genial, pero ahora toca disfrutar un poco"». Pasó un día. Entonces, Sarah recordó que un domingo a las 3:45 de la madrugada «me desperté abruptamente con un calambre muy fuerte en la pierna. Ya había tenido calambres, pero ninguno como ese». Sarah salió de la cama y se puso a saltar, lo cual despertó a su marido. Lo que vino a continuación fue aterrador: «Esta parte no la recuerdo. Estaba tensa y empecé a convulsionar. Tenía los ojos en blanco». Sus dos hijos universitarios estaban en casa y el marido de Sarah les pidió a gritos que llamaran a emergencias. Sarah recuperó la consciencia y dijo que estaba bien, y su hija canceló la ambulancia. «Miré a mi hijo y le dije: "He tenido una experiencia de lo más extraña. Así es como se siente morir"». Entonces Sarah empezó a sudar abundantemente. «Estuve empapando sábanas durante dos horas aproximadamente, y luego vomité. Llamé a mi hermana y me dijo que fuera al médico. Pero yo me sentía normal, aunque un poco agotada. Cancelé el compromiso que tenía ese día con el coro y entonces, veinte minutos después, mi hermana me devolvió la llamada para decirme que Leila había muerto». Había esnifado heroína mezclada con fentanilo.

Casi de inmediato Sarah sintió que su sobrina la había estado llamando, particularmente «por la sensación que tuve de cómo era morir. Empecé a procesar que quizá había recibido una visita de Leila a nivel espiritual».

A la pregunta de qué creemos que sucede después de morir, Sarah respondió: «Pienso mucho en eso. Creo que hay una transformación que tal vez no comprendamos. No creo que estemos caminando sobre las nubes en nuestro mismo cuerpo físico, solo en un plano celestial, pero sí que creo que existe otro lugar y que vamos a él. Creo que es como si despertáramos». Entonces añadió: «Tengo curiosidad. No quiero ir todavía, pero no tengo miedo».

Jackie tiene más de cuarenta años y trabaja con estudiantes con necesidades especiales en la provincia de Columbia Británica (Canadá). «Estaba teniendo una noche muy normal», recordaba. «Sobre la una o las dos de la mañana me dio un fortísimo dolor en el pecho. Lo sentí incluso en los brazos. Me hormigueaban. Fue una sensación horrible, y no sabía qué estaba pasando. Llamé a mi amiga y le dije que no sabía si me estaba dando un ataque al corazón o de pánico. Le dije: "Estoy aterrada, así que por favor, no cuelgues, y si pasa algo, llama a una ambulancia". Ella intentó tranquilizarme, y sentí como si la habitación me diera vueltas. Noté como un mal augurio, como si algo malo estuviera pasando».

En mitad de eso, Jackie empezó a ver los ojos del hombre a quien consideraba su mejor amigo de toda la vida. «Luke solía venir a mi casa casi a diario y cenábamos juntos. Lo quería, pero era bastante mujeriego. Mi padre también lo era y no quería seguir los pasos de mi madre, así que le dije que lo quería, pero que no podía estar con él».

En ese momento en mitad de la noche Jackie vio sus ojos azules. Recordó que estaban «un poco acuosos y vacíos. No sabía de qué iba todo aquello». Y añadió: «Creía que me estaba muriendo, así que pensé: "¿Qué tiene que ver esto con él?"». El episodio pasó, pero «la imagen de los ojos muertos de Luke no dejaba de aparecer en mi mente. Era casi como si lo estuviera viendo». A las 8 de la mañana recibió una llamada en la que le comunicaron que Luke había muerto. «Lo peor fue que no me sorprendió. La mayoría de la gente estaría en negación por que su mejor amigo hubiese fallecido, y me sentí fatal porque una parte de mí sabía que había muerto». Cuando se enteró de toda la historia, se percató de que «la hora en la que pensaba que me estaba dando un infarto fue aproximadamente cuando él murió por una sobredosis de fentanilo».

Jackie fue al médico a los dos días. «Me dijo que estaba más sana que un roble y que a mi corazón no le pasaba nada». Jackie empezó a considerar otras posibilidades. «Mi amiga Catherine, que estaba al teléfono conmigo, armó el rompecabezas y me dijo: "¿Y si experimentaste su muerte?"».

Unos meses después, mientras Jackie montaba en bici, un coche de repente invadió su carril. «Giré el manillar en el último minuto, algo me obligó a girar, una voz que me decía: "Gira el manillar". Pasé por encima del capó del coche en vez de acabar atropellada debajo. Terminé con un montón de huesos rotos, pero estaba viva. Fue una extrañísima coincidencia que en el mismo año que Luke murió, yo pude vivir. Sinceramente, debería haber muerto. El paramédico me dijo que tenía muchísima suerte de estar viva». Jackie también menciona que es madre de un hijo autista. «Mi hijo no puede vivir sin mí, y sé que Luke habría hecho cualquier cosa por mí y por él». De nuevo, Catherine le dijo a Jackie: «Estoy segura de que te salvó la vida porque os quería muchísimo a ti y a tu hijo».

Jackie empezó a buscar información en internet, que al final la terminó trayendo al Shared Crossing Project. Su experiencia también le sirvió para reevaluar sus ideas con respecto a la muerte. «Me salté varias etapas del duelo. No pasé por la fase de negación. Sabía que Luke estaba muerto.

»Ahora me da un poco de pavor la muerte, porque sinceramente percibí que sufría y que estaba aterrorizado; sentí lo mismo que él en ese momento. Estaba asustado». Pero añadió: «Solía pensar que era algo negativo, pero Catherine me ofreció una perspectiva distinta; me dijo que me quería mucho, y que ahora sé lo mucho que me quería porque quería compartir ese momento conmigo». Por último, Jackie comentó que esa experiencia la llevó a darse cuenta de que «quería a Luke, y creo que él a mí también. Es muy duro, porque él siempre había sido una persona muy alegre. Adoraba vivir, y es duro que alguien a quien tanto le gustaba vivir pierda la vida por culpa de una estúpida droga. Él no era adicto, solo se dejaba llevar por sus amigos. Tuvo mala suerte porque ahora le meten fentanilo a todo. Se drogó y murió».

La propia búsqueda de respuestas de Jackie continúa. «Antes era atea», nos dijo. «Ahora no lo sé. Realmente no lo sé».

Mientras que Sarah y Jackie experimentaron sus EMC por la noche en su casa, también hemos averiguado que puede suceder en cualquier momento y lugar. Ese es el caso de los amigos de toda la vida Richard K. y Pat. Los dos se conocieron en Harrisburg (Pensilvania) mientras trabajaban de voluntarios en una línea de ayuda telefónica regional disponible las veinticuatro horas del día para la gente que necesitaba un servicio local. Algunos solo querían desahogarse y otros buscaban verdadera ayuda o dirección en su vida.

Richard tenía experiencia en evaluación educativa y llegó a la línea de ayuda después de trabajar en el Departamento de Educación de Pensilvania. Tenía un doctorado en psicología educacional. Pat trabajaba como jefa de personal de un grupo de neurólogos y era madre divorciada de dos adolescentes, aunque ser voluntaria en la línea de ayuda le atraía. «Era muy empática», recuerda Richard. «Se le daba fenomenal escuchar. Parecía que apenas necesitara formación; así de buena era».

Richard y Pat trabajaban juntos a menudo formando a otros voluntarios y haciendo talleres, y no se cortaban a la hora de tomarse el pelo por las cosas más tontas. «La línea nos pidió que nos hiciéramos un test de personalidad, como el de Myers-Briggs (MBTI), y mi perfil tipológico era INTJ: introversión, intuición, pensamiento y juicio. Pat solía tomarme el pelo diciendo: "Bueno, tu J debe de estar cambiando porque cada vez eres más flexible"». Pero Richard también fue uno de los primeros a quien le dijo que estaba empezando a valorar la idea de cambiar de carrera profesional y convertirse en pastora metodista. Le dijo que oía una voz que la llamaba a «alimentar a mi rebaño».

«Pat había crecido en una familia católica», añadió. «De hecho, dio a luz a su primer hijo en un hospital católico. Tenía veinticuatro años, pero aparentaba dieciséis. Una de las monjas que ayudaban en el hospital no se mostró muy agradable con Pat hasta que le dieron el alta. Entonces la monja vio su historial y se disculpó. Había supuesto que Pat era una madre adolescente y soltera y no una muchacha joven y casada. Siempre recuerdo esa historia porque cuando tenía su misma edad a mí también me daba vergüenza parecer mucho más joven».

Al principio Pat le dijo a Richard que no se sentía digna de tal cargo, pero al final sí que se apuntó a un seminario, se casó con otro pastor metodista y ayudó a organizar un centro de formación espiritual (Center for Spiritual Formation), dedicado a ayudar a la gente que buscaba profundizar su relación con Dios. Pat también codesarrolló el programa de dos años de duración del centro, conocido como el Ministry of Spiritual Direction (en español, Apostolado de dirección espiritual), designado para proveer una formación avanzada para pastores de la iglesia y seglares. «Era una persona muy accesible. Conseguía calmar a todo el mundo», recordaba Richard.

Cuando le diagnosticaron demencia con setenta y pocos años, Pat se vio obligada a dejar la profesión que tanto le gustaba. «Recuerdo una conversación que tuvimos después de su diagnóstico», explicó Richard. «Me comentó que los médicos le habían estado recomendando ciertos tratamientos que podrían ralentizar el proceso, pero que no lo detendrían por completo. Al haber trabajado en el ámbito médico, estaba familiarizada con muchos de ellos, y los otros tuvo que buscarlos. Cuando investigó los efectos secundarios, me dijo: "No sé qué es peor, el remedio, que se supone que debe aliviar los síntomas, o la enfermedad"».

Unos seis meses antes de su muerte, Pat le dijo a Richard: «Estoy perdiendo la capacidad de saber con quién hablo y a quién veo». Su marido, Dennis, compartió conmigo varias veces que Pat había sido incapaz de reconocer a su hija o a sus nietos. Dennis dijo que ella le había dicho: "Debería reconocerlos"».

Tras reflexionar sobre ese periodo de tiempo, Richard, de ochenta y pocos años, dijo: «Estoy pensando que eso fue parte de lo que la llevó a la muerte, porque se suicidó. Se despertó antes que Dennis y fue a la cocina, donde había varios medicamentos sobre la encimera. Básicamente sabía lo suficiente como para reconocer que, si se tomaba todo el contenido de esos medicamentos juntos, moriría. Yo personalmente pienso que no quería seguir siendo una carga para nadie. Conociéndola, creo que fue un acto de coraje por su parte aliviarle esa carga, y probablemente una carga económica también, a otra gente. Dennis me llamó para decir que habían llevado a Pat a urgencias y que la cosa no pintaba bien». Lo llamó otra vez a la mañana siguiente para comunicarle que Pat había muerto.

«Estaba paralizado», recuerda Richard. «Aparte de mi mujer, Pat era mi mejor amiga. Por la tarde, decidí que necesitaba salir a dar un paseo. Empecé a caminar de forma automática. No podía pensar. Solo sentía una pena enorme». Entonces Richard empezó a tener una experiencia absorbente. Empezó con un fenómeno visual. «Tuve una sensación extraña, como si hubiera algo delante de mí y casi sobre mi cabeza. Era algo brillante, y me pilló por sorpresa. Entonces noté la fuerte presencia de Pat».

Richard explicaba que vio una imagen de Pat: «La vi bailar, bailar de alegría. Las palabras que me vinieron a la mente fueron "libre por fin, libre de su dolor"». Al instante Richard se vio compartiendo «esa expresión de júbilo y felicidad». Aquella alegría fue tan poderosa y penetrante que le arrebató toda la pena y aflicción de golpe. En vez de «caminar fatigosamente por la calle, ahora estaba lleno de energía. Su felicidad era la mía».

Después de esa EMC, Richard siguió percibiendo la presencia de Pat en sus sueños. La última fue en junio de 2019. Se despertó sintiendo una emoción tan fuerte que intuyó que Pat se estaba despidiendo. Richard describió «sentir un amor tan intenso que me la imaginé bañada en aquella profunda y arrolladora emoción que impregna el universo. Durante un lapso probablemente sintiese lo mismo que ella, y eso me consoló muchísimo. Siento una tremenda gratitud. Inmensa.

»Aunque hay veces en las que pienso en Pat y en lo mucho que la echo de menos, aquella sensación de alegría perdura. No se ha ido. Fue una enorme sanación en una pequeña fracción de segundo. Un consuelo brutal».

La experiencia de Richard se parece mucho a la visión de Alison A. de su buena amiga Wendy, no solo en lo que vieron, sino también en las emociones que sintieron en ese momento, particularmente alegría, libertad y liberación. Es significativo también que tanto Wendy como Pat se habían enfrentado a serios desafíos médicos. Richard terminó compartiendo su historia con Dennis, el marido de Pat. «Estoy seguro de que sintió una gran decepción por no haber experimentado algo parecido él también. Pero fue reconfortante para él. Le alivió saber que Pat había completado su transición hacia otro estado de consciencia».

A menudo, una de las partes más importantes de una EMC para los que las viven es cómo usan lo que han experimentado para analizar y gestionar sus propias emociones y el proceso de duelo. Eso es particularmente cierto para las EMC que tienen lugar tras una muerte repentina o traumática debido al amplio rango de emociones negativas que se asocian a dichas pérdidas. Como psicólogo, he averiguado que el camino elegido por cada persona hasta alcanzar su propia interpretación y entendimiento de lo que ha sucedido entre ellos y su ser querido es profundamente poderoso, significativo y curativo, incluso para las pérdidas traumáticas. Me asombra y aprecio lo que todos son capaces de compartir con los demás.

8

LAS EMC EN MÚLTIPLES FORMAS

Hemos comprendido que la pérdida es un hecho fundamental de la vida. La mayoría de nosotros la vivimos cuando muchos seres queridos y amigos fallecen durante nuestra vida. Dentro de ese espacio algunas personas también son beneficiarias de múltiples experiencias de muerte compartidas. Ya hemos vislumbrado este proceso anteriormente con Michelle, que vivió EMC con sus dos hijos, y con Madelyn, que tuvo EMC con su madre y su amigo Chayim. Ahora exploraremos este proceso directamente con tres personas que conectaron con sus seres queridos en varias facetas de la muerte. Participaron de manera significativa y de formas diferentes en cada fallecimiento y también vivieron sensaciones distintas relacionadas con cada suceso. Una EMC bien puede suceder durante la misma hora de la muerte y otras, no. Además, estos casos resaltan que, a pesar de que algunas EMC muestran grandes componentes fenomenológicos —la luz brillante, los entes que los reciben y muchos otros elementos más—, otras EMC ocurren con un tipo de conexión diversa. Y no hace falta que dicha conexión sea grande para que resulte tremendamente significativa. Esos matices individuales destacan explícitamente la complejidad y la individualidad de cada EMC.

Lula C. creció entre dos iglesias, la baptista y la pentecostal. «Mis padres eran cristianos, amaban al Señor y nos enseñaron bien». Para Lula las diferencias más difíciles entre ambas fes eran los requisitos en cuanto a la vestimenta.

«En la fe de mi madre, la pentecostal, no podíamos llevar maquillaje, blusas de manga corta o zapatos que enseñasen los dedos de los pies». Las mujeres solo podían llevar «polvos en la cara, pero no pintalabios, raya de ojos o colorete. Me costaba seguir aquella norma; en Halloween siempre quería disfrazarme, llevar maquillaje y ropa distinta. A la mañana siguiente nunca me lavaba la cara porque quería llevar el maquillaje al colegio. Pero, quitando eso, las enseñanzas de ambas fes son muy similares. Nuestra familia disfrutó y aprendió mucho perteneciendo a las dos».

Lula tenía siete hermanos. Su padre trabajaba en una planta siderúrgica, pero sus padres se habían mudado de Alabama a Detroit cuando ella tenía tres años para darles a sus hijos más oportunidades fuera del sur, que estaba segregado. Recuerda que su madre era la persona a quien los demás siempre acudían para obtener una explicación o interpretación de sus sueños. «Le preguntaban: "Hattie, ¿qué significa esto?". Así que creo que me he quedado con lo que he obtenido de las experiencias gracias a mi madre».

De mayor, la principal conexión espiritual de Lula fue primero a través de la iglesia baptista, y más adelante, cuando se divorció y se volvió a casar, a través de una iglesia no denominacional con su segundo marido. «Mi nuevo marido… Bueno, nuevo no, llevamos casados casi cuarenta y tantos años, es luterano, así que solemos ir a una iglesia no denominacional, que es gratificante para ambos».

Lula tuvo una vida laboral ajetreada. Trabajó en una empresa de neumáticos durante diecisiete años y después creó un negocio de conserjería en California. Cuando a su segundo marido, Luther, le ofrecieron dirigir una empresa en San Antonio (Texas), ella vendió su negocio para irse con él y empezó a trabajar para una gran compañía de seguros. También pasaba tiempo de voluntaria en el vecindario y llevaba a sus hijos a visitar a los internos en las residencias. «Soy el tipo de persona a la que le gusta colaborar con el vecindario. Así que iba a las residencias, hablaba con los pacientes, les decía: "Hola, ¿cómo está hoy? Hola, ¿cómo está?". Y me conocían. Llevaba a los niños para que también saludaran a los internos. Una de las directoras me dio su tarjeta».

Tanto la familia de Lula como la de Luther se quedaron en Detroit. Lula explica: «Mi suegra vivía en Detroit. Se iba haciendo mayor, así que yo iba y venía en avión cuando tenía problemas de salud. También se hacía cargo del hermano de mi marido, Larry, que sufría de esquizofrenia paranoide. Llegó un punto en que le dije a mi marido: "No podemos seguir dejándola sola". Pero ella se negó. Fui a Detroit, llamé a mis hermanas y a un par de amigos y les dije: "Estoy en Detroit. Me gustaría que rezarais por que sea capaz de conseguir que mi suegra se mude con nosotros a Texas". La mujer siguió negándose. No quería vivir con nosotros. Exclamó: "¿Y qué pasa con Larry?". Y yo le respondí: "Larry también puede venirse". Cuando le dije que también podíamos llevarnos a Larry, por fin accedió a mudarse.

»Llamé a Luther y le dije: "Luther, tu madre ha accedido a venir". Él contestó: "Lula, ¿cómo lo has hecho?". Yo le respondí: "No lo he hecho. Recé y el Señor ha contestado a mis plegarias. Pero no quiere vivir con nosotros". Y él me preguntó: "Bueno, ¿qué va a hacer entonces?". Contesté: "Luther, en mi armario está la tarjeta de la directora de la residencia a la que los niños y yo solemos ir. Llama, dile quién eres y por qué has llamado". La residencia tenía una cama libre, así que Luther me lo comunicó: "Lula, tienen una cama para mamá".

»La noche en que falleció fui a su residencia para verla y le dije: "Hola, mamá ¿cómo estás?". Llevaba dos días sin querer comer. Antes de eso, siempre que iba me decía: "¡Hasta luego!". Jamás me decía adiós, siempre "¡Hasta luego!".

»Esa noche estaba intentando animarla para que comiese. Comió una cucharadita de gelatina y estuvimos hablando hasta que me fui. Me despedí con un: "Bueno, mamá, me voy ya. Nos vemos mañana". Y cuando llegué a la puerta me dijo: "Adiós". No respondí, salí corriendo de allí porque jamás me había dicho adiós. Me metí en el coche, me quedé sentada y recé al Señor. Y también lloré. Simplemente lloré. Porque ese adiós significaba que íbamos a perderla. Me recompuse y conduje de vuelta a casa.

»Luther estaba en el piso de arriba, en su despacho. Le dije: "He ido a ver a tu madre. Luther, cuando me he ido, me ha dicho adiós". Y empecé a llorar. Él contestó: "Lula, tranquila, descansa". Le respondí: "Pero nunca me ha dicho adiós, Luther". Bajé y aproximadamente un cuarto de hora después empecé a toser. Era una tos incontrolable. Tosí y tosí. Luther me preguntó: "¿Qué te pasa?". Y yo le dije: "No lo sé. No puedo dejar de toser". Él me aconsejó: "Lula, Lula, bebe un poco de agua, bebe un poco de agua". Seguí tosiendo sin parar y entonces, dejé de hacerlo. Unos diez o quince minutos después sonó el·teléfono. Era la residencia llamando a Luther para comunicarle que su madre había fallecido.

»Más tarde le estuve dando vueltas y pensé: "Vaya, ¿qué estaría intentando decirme? ¿Por qué he tosido?". Me pregunté si a ella también le habría costado respirar. Pero sinceramente creo que estuve allí con ella. Sentí su cercanía. A menudo pienso: "¿Por qué estuve allí?". Pero creo que fue ella la que quiso que pasase aquello con ella.

»Después de su fallecimiento hubo veces que podía oírla o sentirla diciéndome: "Cuidad de Larry", y yo le respondía: "Sí, cuidaremos de él. Cuidaremos de Larry, mamá". Ese fue el mensaje principal que sentí de ella tras su partida, quería que nos encargásemos de su hijo y así lo hemos hecho durante veintiún años».

La sensación física compartida que experimentó Lula es similar a la de Sarah y Jackie del capítulo anterior, pero con otro elemento esencial: una premonición antes de la muerte. Ser consciente de una muerte venidera puede ser un rasgo común en una EMC. A veces estas materializaciones antes de la muerte suceden cerca de la hora del fallecimiento; otras, tienen lugar con más distancia temporal. Lula tendría una segunda experiencia pre mórtem, parecida a la que había vivido con su suegra.

«A mi hija Felicia le habían diagnosticado sarcoidosis, una enfermedad que ataca los pulmones. Estuvo en fase de negación durante un par de años y se quedó embarazada de un niño en contra de los consejos de los médicos. Randal nació dos meses antes de lo previsto, en marzo. En noviembre, Felicia me llamó y me dijo: "¡Hola, mamá! Vas a volver a ser abuela". No pude felicitarla porque el parto de Randal había sido muy complicado. Pensé: "Ay, Dios, Felicia". Y ella me dijo: "Estoy bien, mamá. Solo reza por mí. Sé que lo haces mucho y que yo también rezo mucho. Todo irá bien, mamá"».

Lula había terminado hacía poco una clase de formación para voluntarios en el hospicio cuando la salud de su propia madre empezó a deteriorarse. Viajó a Detroit para pasar el tiempo que le quedaba con ella y estuvo a su lado cuando falleció. Lula recuerda: «Llamé a Felicia, que estaba embarazada de cuatro meses. Le dije: "La abuela ha muerto". No le dije: "No vengas al funeral", pero supuse que, dado su estado y que trabajaba, seguramente no fuese a ir. Estábamos en el funeral y mi hermana me dijo: "Lu, parece que hay alguien respirando muy fuerte". Me giré y ahí estaba Felicia, caminando por el pasillo con su bebé, Randal.

»Le pedí que descansara antes de regresar, pero volvió a California en avión al día siguiente. Unas semanas después, tuve un sueño que me pareció muy realista. Voy a contarlo como si hubiese pasado de verdad para que se vea lo realista que fue. Felicia había venido a visitarnos a Texas y yo me levanté de la cama para llevarla al aeropuerto. La dejé allí y ella entró. Cuando volví a casa, fui a la habitación de Larry, que estaba junto al garaje. Le dije: "Larry, ¿qué es ese bulto en tu cama?". Él respondió: "No lo sé". Así que me acerqué al bulto, aparté el cobertor y ahí estaba el pequeño Randal. Empecé a gritar: "Ay, Dios, ¡Felicia se ha dejado a Randal! ¡Felicia se ha dejado a Randal!". Y entonces me desperté.

»Luther me dijo: "Lula, Lula, Lula, estás soñando". Le conté qué pasó en el sueño y murmuré: "Luther, que Felicia se había dejado a Randal. Que fue tan real como te estoy mirando ahora mismo". Él me contestó: "Lula, cálmate. Ha sido un sueño". Me levanté y fui a trabajar ese día. Durante el descanso, en vez de ir a la sala de personal, bajé al aparcamiento y me puse a rezar al Señor. Solo a rezar al Señor.

«Llamé a mi yerno y él me dijo: "Ay, mamá, Felicia ha pasado muy mala noche. Creía que la perdía". Así que no le conté lo del sueño porque no quise asustarlo. Hablé con Felicia y ella me dijo: "Mamá, reza por mí, tú solo reza por mí. Estaré bien". Dos semanas después, en el Día de los Caídos, me llamaron para decirme que "Felicia estaba luchando por su vida". Los perdimos a ella y a su bebé nonato».

Pero ese no fue el último contacto que tuvo Lula con Felicia. Poco después del funeral de su hija, Lula tuvo una experiencia que la ha acompañado durante dos décadas. «Luther se marchó del país por un viaje de negocios y yo estaba dormida. Justo había empezado a usar una máquina CPAP (Presión Positiva Continua en la Vía Aérea) porque se me cortaba la respiración por las noches. Pero la mascarilla no me encajaba bien y me la quitaba sin darme cuenta. Mientras dormía, sentí que alguien me tocaba el costado un par de veces. Me desperté y me di cuenta de que me había quitado la mascarilla, así que estaba casi segura de que había dejado de respirar. Lo primero que pensé fue que Felicia estaba allí. Me senté en el lateral de la cama. Aún podía sentir su contacto. En el fondo sabía que Felicia me había despertado. Que aquella había sido su manera de decirme: "Mamá, despierta". No quería que me pasase nada. Quería que cuidara de Randal».

El nieto de Lula, cuya madre falleció cuando él tenía solo quince meses, está ahora en la universidad. Ha cuidado de él durante más de veinte años.

Hemos hablado de que hay personas que perciben una energía o sienten una energía aguzada durante su EMC. En cierta manera, las sensaciones de Lula —la tos cuando falleció su suegra y sentir el contacto de su hija, despertándola, poco después del funeral— pueden tomarse como formas de conexión energética. Esos momentos también son recordatorios de que una EMC no necesita ser muy especial para resultar significativa y cambiarle la vida a la persona que la vive. Por último, la experiencia de Lula contiene otro elemento que mencionamos brevemente en el caso de Adela B. y que volverá a aparecer en varios otros casos más adelante: las visitas tras el fallecimiento. ¿Hasta qué punto permanecemos conectados, y de qué forma, a nuestros seres queridos cuando mueren?

Nuestro siguiente caso contiene una visita post mórtem y una sensación física en un continente y contexto distintos. Javier nació en España y se crio en una familia católica, aunque añade que tras una reciente prueba de ADN ha descubierto que tiene mucha ascendencia judía por parte de su padre. Él cree que lo más seguro es que su familia se convirtiera al catolicismo durante la Inquisición Española. «Soy traductor», explica. «He estudiado idiomas y lingüística. Ahora mismo trabajo como narrador para anuncios de televisión en España y como actor de doblaje. También he aparecido en algunas películas».

Su primera experiencia ocurrió tras la muerte de su hermano menor. Aunque no es una EMC típica y se clasificaría más bien como una visita post mórtem, para Javier tuvo un impacto similar al de una EMC. «Mi hermano murió en 1989 a los veintisiete años. Teníamos muchísima relación porque yo solo era un año mayor que él. Durante varios años me acordé mucho de él y lo eché mucho de menos y eso me ponía muy triste.

»Soy gay y por aquel entonces vivía en Londres, en un apartamento con la pareja que tenía en ese momento, Paul. Seguimos en contacto y siempre hablamos de ese episodio. El espíritu de mi hermano entró en el edificio y empezamos a comunicarnos. No estaba dormido del todo, sino semiconsciente, y abracé a mi hermano. Estuvimos hablando y él se comunicó conmigo. Básicamente me dijo que estaba bien, que no me preocupara por él. En el sueño yo lloraba sin lágrimas, pero sentía como si estuviese llorando de verdad y le dije que lo quería muchísimo. Él me contestó: "Ahora tengo que irme". Yo le dije que no y me respondió: "Sí, tengo que irme". Me dijo adiós y se fue».

Después de que el espíritu del hermano de Javier se marchase, Paul se despertó. Estaba desorientado, pero fue consciente de que había habido otra presencia en la habitación. Javier recuerda: «Paul me dijo: "Sí, he podido sentirlo. He sentido algo raro, como que no estábamos solos"». El tiempo no ha reducido el impacto de la experiencia en Javier ni en Paul. «Pasó de verdad», opina Javier. «Ambos lo creemos. Incluso Paul, que es muy escéptico. Es una de esas cosas que pasan. Mi hermano vino a decirme que estaba bien y a brindarme paz».

Javier no habló mucho de lo que le había pasado con su madre, aunque comenta: «La cosa es que mi madre y yo nos llevábamos muy bien. Ella era muy espiritual. Habíamos hablado mucho sobre la muerte y sobre la vida después de la muerte. Una vez, en el hospital, ella tuvo una experiencia cercana a la muerte. Yo soy muy escéptico. Solía decirle: "Cuando muramos, volveremos al sitio memorable del que vinimos". O solía decirle que iríamos a un lugar en el que hacía "mucho calor". Se lo decía para tomarle un poco el pelo. Jamás le conté que mi hermano vino a visitarme porque nunca hablaba con mi madre de mi sexualidad ni de cosas así, pero sí hablábamos de la vida y nos llevábamos bien. Éramos siete hermanos, seis chicos y una chica. Conmigo tenía una conexión más especial porque podía hablar de cosas más espirituales que con el resto de sus hijos.

»Mi madre estuvo muy mal durante los últimos tres meses de su vida. La fui a ver en enero y falleció el seis de marzo. Hablando con mi hermana me dijo: "Mamá está débil y enferma, pero está bien". No esperaba que muriese aquel día.

»Estaba durmiendo y aproximadamente a las cinco de la mañana me di cuenta de que estaba sudando y después sentí como si me faltara el aire. No podía respirar. Ahora que echo la vista atrás fue agónico. Recuerdo tocarme el pijama, que estaba empapado de sudor. En la habitación no hacía nada de calor. Siguió faltándome la respiración un rato más.

»Entonces, de ser incapaz de respirar y encontrarme mal, con calor y sudando, pasé a sentir frío. Fue una sensación muy extraña. No me gustó, aunque no me entró miedo. Tenía muchísimo frío, lo cual me dejó inmóvil. Estaba paralizado hasta el cuello, no podía moverme. Recuerdo decirme: "Espero que el frío se vaya pronto". Y lo hizo, por completo. Recuerdo sentir felicidad. Una felicidad intensa. Recuerdo claramente que incluso sonreí. Recuerdo seguir ahí, aún tapado hasta el cuello con el edredón, y sonreir. Me dije: "Ahora podré dormir bien". Y así fue. Dormí y, después, me desperté. Desayuné. Me encontraba bien. Entonces mi iPhone sonó y lo miré. Vi el nombre de mi hermana en la pantalla y lo supe. Todo encajó. Supe al momento que mi madre había muerto. Lo que sentí fue a mi madre despidiéndose.

»Mi hermana me dijo que cuando fueron a despertarla la encontraron sin vida. Había muerto esa noche. No me cabe duda de que fue mi madre la que vino a mí. Habíamos tenido tantísimas conversaciones sobre mi escepticismo y en las que ella decía que creía que existía algún tipo de vida después de la muerte que seguro que fue ella mandándome algún tipo de señal y diciéndome "Oye, te lo dije, aquí estoy mandándote una señal para asegurarme de que te llega el mensaje". No lo sé».

Javier captura elocuentemente el impacto que ha tenido su EMC en su opinión sobre la vida y la muerte. «¿Ha cambiado mi perspectiva? Supongo que sí. Creo que en la vida hay muchas dimensiones y límites. Estamos limitados por nuestros sentidos y a través de ellos experimentamos solo algunas dimensiones. Sí que creo que hay dimensiones que no somos capaces de comprender. Sí que creo que cuando fallecemos, nuestro espíritu, nuestra alma, nuestra energía o como quieras llamarlo van a una dimensión diferente. Allí no tenemos los mismos sentidos y no se percibe y comprende el mundo de la misma manera que aquí».

De forma similar a Lula, Javier también se ha sentido protegido por sus difuntos familiares, algo que hemos descubierto que también les ocurre a otras personas que han vivido experiencias de muerte compartidas. Javier nos lo describió diciendo que fue como si tuviera un «ángel de la guarda» que velaba por él y lo protegía. Recuerda el 7 de julio de 2005 y los ataques terroristas en el metro de Londres. Javier iba de camino al trabajo y tenía que salir a las ocho y media. Estaba a punto de meterse en el ascensor de la estación de metro cuando algo lo persuadió a ir en bicicleta. «Volví y saqué la bicicleta. A veces pienso: "Qué raro". Fueron diez minutos. La bomba explotó cerca de Russell Square. Yo iba a Leicester Square. Probablemente hubiese estado en uno de los trenes que bombardearon».

El concepto de velar y de tener a un «ángel de la guarda» va más allá de la protección del daño físico y lo vemos en el caso de Sonya F., que experimentó dos EMC diferentes. Durante años, Sonya vio a su tía Ursula como su «madre espiritual». Ursula había migrado a Estados Unidos desde Alemania a los diecisiete años y tuvo muy pocas oportunidades de recibir una educación adecuada. Pero Sonya dice: «Fue ella quien me dio todos mis libros y la que llenó mi biblioteca». Ambas estrecharon su vínculo cuando Ursula visitó a la familia de Sonya en California unas Navidades, cuando Sonya tenía quince años. Aunque Ursula tenía hijos, siempre apoyaba a Sonya y la animaba. Se escribían cartas. «Crecí en una familia de científicos», explica Sonya, «y ellos creían que muchas de las ideas de Ursula eran estrafalarias». Pero Sonya no. Ella se acercó a su tía, que era esbelta, siempre estaba de buen humor y le encantaba gesticular cuando hablaba. «Para cuando cumplí los diecinueve o veinte ya éramos más como iguales. Hablaba con ella de cosas con las que no podía hablar con mis padres».

Después de que sus propios hijos «volaran del nido», Ursula se matriculó en un instituto de kinesiología. Se mudó a Santa Fe (Nuevo México) y empezó a trabajar con pacientes de edad avanzada. «Cuando tenía unos cincuenta y ocho años, le diagnosticaron cáncer de colon», recuerda Sonya. «Por desgracia se había metastatizado y le había llegado al hígado. Sabía que era probable que no le quedase mucho tiempo y, dada la relación estrecha que tenía con ella, dejé mi casa en California para estar con ella».

Ursula se mudó con su hija y su yerno, ambos médicos. Sonya encontró alojamiento cerca. «Ambos estaban bastante ocupados, así que me encargué de muchas cosas y pasé todo el tiempo que pude con ella. Cuando empeoró, empecé a investigar cómo ayudarla mejor. Leí el libro de Sogyal Rinpoche, *El libro tibetano de la vida y de la muerte*. Al final, me quedé con ella todo el tiempo». Sonya recuerda que a su tía le resultaba demasiado doloroso comer. «Me llamó un día y me dijo: "Ya no voy a comer más, ya no voy a beber más, así que para el caso haz las maletas y vente con planes de quedarte, porque me voy"».

»Cuesta ver a alguien apagarse. Mi primo y yo la levantábamos con facilidad para cambiar el empapador bajo sus sábanas. Y, sin embargo, seguía allí. Podía hablar con ella y ella levantaba la cabeza para contestarme. Un viernes por la noche empecé a rezar para que pudiera irse. Se la veía angustiada e inquieta. Cuando su hora se acercaba empecé a sentir como si mi pérdida fuese el regalo de otra persona. No puedo explicarlo exactamente, pero literalmente sentí como si el cielo y todos nuestros difuntos parientes estuviesen celebrando que iba a irse con ellos.

»Falleció aproximadamente a las cinco de la mañana. Mi primo me despertó y ambos preparamos su cuerpo. Vi como que medio sonreía y que su cuerpo permanecía caliente. La habitación parecía distinta, como si el color hubiese cambiado y un rincón se hubiese transformado en una catedral. La mejor manera de describirlo es que el ambiente cambió. Entonces sentí una energía eléctrica recorrerme el cuerpo. Sentí en lo más hondo como si el espíritu de mi tía acabara de irse.

»Al cabo de un rato el personal de la funeraria llegó. Cuando se llevaron su cuerpo fue literalmente como si una parte de mi vida se hubiese marchado de la habitación. Recuerdo que mi primo me preguntó: "¿Quieres quedarte a cenar?". Pero sentí como si ya no tuviera sentido estar allí. Literalmente hice las maletas y me fui al aeropuerto sin billete siquiera. Cuando llegué, estaba llorando. Dije: "Mi tía se acaba de morir y ya no siento la necesidad de seguir aquí, ¿puedes meterme en un vuelo?". Esa sensación de que la presencia de alguien ha desaparecido y ya no hay razón para seguir allí fue muy fuerte. Fue como si mi cometido hubiera terminado. Me subí a un avión y regresé a California».

Sonya añade: «Sentí la fuerte presencia de Ursula durante un tiempo después de su muerte, como si estuviese organizando algunas cosas en mi vida. Ella solía bromear y decirme: "Si no encuentras marido antes de que me muera, te lo buscaré yo". Pero sí que conocí al hombre con el que me casé antes de que muriese. Nos prometimos aquel año. Y poco después de casarnos tuvimos dos hijos. Tenía cuarenta cuando di a luz al primero. Sentí como si me estuviese dando un empujoncito desde el otro lado».

El mismo año que la tía de Sonya falleció, una amiga le recomendó que se apuntase a un grupo de mujeres de California. La encargada se llamaba Dennie. Se reunían una vez a la semana y Sonya asistió durante seis meses, hasta que su marido y ella se mudaron a Massachusetts. «Siempre he notado una conexión especial con Dennie. Supuse que la tendría con todas. No fue una relación muy larga, pero sí muy estrecha». Ambas se mandaban postales navideñas y mantenían el contacto de vez en cuando. Sonya recuerda: «Uno de mis padres tuvo una emergencia médica y tuve que volar a California. Me encontré con Dennie en un aparcamiento. Fue antes de que ella se enterase de que tenía cáncer. Aquel día admití que, por alguna razón, Dennie siempre veía más cosas en mí que yo misma. No sé cómo explicarlo, pero siempre he sentido como si ella reconociese mi potencial más que yo misma. Cuando nos despedimos, me dijo: "Quiero que sepas que siempre te querré". Y pensé: "Seguro que se lo dice a todo el mundo". Aun así, aquella conversación fue muy especial.

»Me enteré de que Dennie estaba enferma y que, por desgracia, su cáncer era muy agresivo. Pensé: "Bueno, tengo un par de meses, unos meses". Le escribí de inmediato, pero tenía planeado hablar mucho más con ella y quizá incluso intentar ir en avión. Pero por entonces estaba muy ocupada; tengo niños pequeños y al final es algo que vas posponiendo. Una tarde, regresé a casa después de la clase de taekwondo de mis hijos y me sobrevino una sensación de agotamiento repentino. Literalmente conté el tiempo que quedaba hasta que mi marido llegara a casa. Miraba el reloj y decía: "Necesito dormir. No sé qué es esto, pero tengo que tumbarme".

»Mi marido llegó a las siete. A las siete y media le dije: "Tengo que tumbarme". Ni siquiera me quité la ropa. Dormí durante casi toda la noche muy muy profundamente. Entonces empecé a tener un sueño muy intenso. Estaba a bordo de un barco pontón en un canal estrecho. Había edificios parecidos a una mezcla de los que se ven en Grecia, todos blancos, con otros más fantásticos, como si hubiesen salido de un libro del Dr. Seuss. Se elevaban del océano por ambos lados y era bastante complicado navegar por el canal. Recuerdo girarme y ver a mucha gente sentada en filas detrás de mí y me entusiasmé. Allí estaba toda la gente con la que me sentía conectada de alguna forma, aunque no pudiese distinguir una sola cara. Sentí que eran mi gente, mis amigos.

»Estaba oscureciendo. El agua empezaba a parecer casi negra, como se ve al anochecer. Me dijeron que iríamos al aeropuerto y alguien añadió "cerca de Nueva Jersey", donde no he estado nunca. A partir de ahí la escena cambió. Salí del barco y pisé la arena. Alcé la vista y esto fue lo más increíble: había multitud de gente esperándome. Levanté la mirada y ahí estaba Dennie, mirándome.

»Y pensé: "Espera un momento, ¿Dennie está aquí? Está enferma y no es un viaje fácil, ¿por qué está aquí?". Pero ella estaba entusiasmada y quería ir. Ante nosotras había unos escalones, como los que se ven en las casas de la playa. Estaban encalados, envejecidos y abiertos. Se podía ver la arena entre ellos. Parecía haber gente en buena condición física alrededor. Pensé que entre todos podríamos ayudarla a viajar, pero entonces me miró como diciéndome: "Puedes hacerlo, Sonya". Sentí una responsabilidad tremenda. "¿Yo? ¿Por qué yo? Toda esta gente puede ayudarte a subir las escaleras".

»Dennie quería estar en primera fila. Empezamos a subirlas y llegados a un punto busqué indicios de su enfermedad. Pensé: "Parece algo cansada y un poco amarillenta". Tenía la piel algo oscura y las manos hinchadas, pero aparte de eso parecía muy animada. Llevaba un vestido azul con rayas de flores de cerezo. Era vaporoso y elegante. Había sido bailarina y aquel era el tipo de prenda que solía llevar. En cierto momento me enseñó sus dedos y parecía como si estuviese haciendo una uve. Lo primero que pensé fue que era la uve de victoria.

»Las escaleras parecían interminables. Empecé a sentir como que estábamos en el cielo. Sentía una gran responsabilidad, porque a veces flaqueábamos. Ella se tambaleaba y yo la agarraba y temblaba. Era mi responsabilidad que no se cayese. Levanté la vista y vi a toda la gente que nos esperaba al final de las escaleras. Era muy alta. Ya no había ningún paisaje. No vi nada de tierra, ni de arena ni nada. Estábamos en el cielo. Y sin embargo sentía que nos dirigíamos hacia una entrada o un portal que llevaba a una gran habitación. La siguiente vez que levanté la vista había dos mujeres muy entusiasmadas y con vestidos renacentistas largos, acolchados, satinados y de color teja. Decían: "Ya viene, ya viene". Empecé a sentir que Dennie era la invitada de honor. Después noté una sensación como egoísta al pensar que no quería entregársela. Reconocí que ella iba a ser el centro de atención cuando llegásemos a lo alto de las escaleras. Me paré y descansé con ella durante un momento con la idea de que se repusiese, pero yo creo que en parte se debió a que quería quedarme con ella un poco más.

»Cuando nos acercamos lo suficiente, se llevaron a Dennie a aquella gran habitación. La ambientación parecía casi como de Oriente Medio. Había cojines e iba a haber una actuación de baile. Dennie estaba muy feliz. Como estaba agotada, la colocamos contra una pared, algo que, por alguna razón, parecía importante. Era como si no pudiese permanecer incorporada sin ayuda. También había una sensación de espera, como si aún no hubiese llegado el momento. No sé explicarlo de otra manera; fue como si hubiese llegado antes de la hora. Me dio la sensación de que se suponía que debía haber un banquete, pero que aún no estaba preparado del todo. Y los bailarines, tampoco. Estábamos como esperando a que otra gente llegase. Y, sin embargo, sabía que sería una celebración increíble con muchísima comida. A Dennie le gustaban las cosas bonitas y era evidente lo bonito que iba a ser. Incluso me llegaba el olor exquisito de la cocina, pero nada estaba listo todavía.

»Cuando se sentó, estaba exultante y me dijo: "Lo he logrado, lo he logrado". En la habitación éramos casi todas mujeres. Creo que había varios hombres, pero la mayoría éramos mujeres. Entonces empecé a notar una vibración eléctrica intensa por mi cuerpo. Fue tan fuerte que sentí como si me despertase, como si literalmente me incorporasen en el colchón.

»Sabía que tenía alejarme de aquel lugar porque era un espacio de muerte o algo así. Sin embargo, al mismo tiempo también sentí algo maravilloso: pura felicidad. No quería irme. En ese instante fui consciente de aquel momento dual en el que sabía que tenía que marcharme y, a la vez, deseaba quedarme porque sabía que se estaba muriendo y que cuando despertase ya no estaría en aquel maravilloso lugar, rodeada de aquella energía tan increíble.

»Literalmente me desperté con lágrimas en los ojos de lo triste que me sentí. Y pronuncié en alto: "Dennie, ¡te quiero!". Supongo que hice demasiado ruido, porque mi marido se despertó y me preguntó: "¿Qué pasa?". Yo le contesté: "Creo que Dennie acaba de morir. He tenido un sueño que se parecía mucho a lo que sentí cuando mi tía se murió".

»Me levanté y escribí el sueño. Después me metí en Facebook y vi que el hijo de Dennie había publicado: "Recordad a mi madre, ya está en su viaje al más allá". Y lo había publicado hacía horas».

Sonya ha reflexionado sobre su experiencia y sobre por qué Dennie la escogió a ella para que la acompañase en su viaje. «Echando la vista atrás, supongo que en parte sentí que estaba disponible para ayudarla, así que me eligió. Por suerte, estaba lo bastante lúcida como para reconocer que necesitaba tumbarme, porque creo que nada de eso habría sucedido si hubiese ignorado esa sensación y hubiera seguido adelante con mi vida». En cambio, Sonya se sintió feliz durante días.

«También ha habido cosas que han aparecido de la nada», añade. «Aproximadamente un mes después de esa experiencia, recibí un catálogo de ropa por correo. Había una foto de un vestido nuevo, el mismo que había visto en mi sueño, con las mismas mangas transparentes. Abrí el catálogo y vi lo que la modelo llevaba. Fue una locura. Por extraño que parezca, ahora me siento incluso más cerca de Dennie. Noto su presencia a menudo. Me acuerdo de ella de repente, como si fuese una vieja amiga, y a veces vuelvo a sentir esa energía recorrerme el cuerpo».

Sonya describe su vida religiosa como un popurrí. «He meditado gran parte de mi vida, pero no formo parte de ninguna iglesia en concreto. Estudio yoga Kundalini y después haré algo hinduista. A veces rezo un rosario». Pero cree que existe algo más allá de esta vida, aunque al igual que muchas personas, no ha hablado con nadie de lo que le ha sucedido. «Lo único que le he contado a mi familia es que ya no me da miedo morir, lo cual es raro. Vi a mi tía pasar mucho dolor, pero no tengo miedo. Siento realmente que hay algún tipo de continuación».

Hasta ahora hemos visto que las experiencias de muerte compartidas pueden profundizar lazos y conexiones, que son una forma de contacto con nuestros seres queridos y amigos cuando fallecen o están a punto de fallecer. En los casos de Lula, Javier y Sonya, también vemos el elemento cuidador; una sensación individual de cada persona de que su ser querido ha hallado el modo de cuidar de ellos después de la muerte: Lula y su hija Felicia; Javier y quizá su hermano; Sonya y su tía Ursula. Pero a veces el cuidado que siente la persona es incluso más inmediato; es el cierre o la reconciliación de una relación. La propia EMC se convierte en una fuente de sanación. Nos centraremos en este aspecto a continuación.

9

REGALOS INESPERADOS

Brian S. estaba escuchando el programa de radio de Garrison Keillor, *A Prairie Home Companion*, mientras conducía de camino a una fiesta de cumpleaños. «Estaba escuchando las historias sobre la familia Tollefson en el lago Wobegon». En la fiesta, Brian conoció a Kristi. El lago Wobegon ficticio de Keillor, con sus inmigrantes escandinavos, se encontraba en Minnesota; Kristi se había criado en una granja triguera de casi cuatrocientas hectáreas en New Rockford (Dakota del Norte), a unos seis kilómetros de la ciudad. Kristi y Brian hablaron durante quince minutos antes de que ella tuviera que marcharse. «No le pedí el número ni nada», recuerda. «Simplemente me gustó mucho». Kristi estaba viviendo en el sur de California; Brian vivía y trabajaba en el área de San Francisco. «Busqué a Kristi en el listín telefónico, encontré su número y la llamé». Quedaron en abril, empezaron a salir en mayo y Brian le pidió matrimonio en agosto. «Iba completamente contra mi naturaleza», dice. «Ella era luterana, republicana y todas esas cosas que a mí normalmente no me gustan y siempre me juré que viviría con alguien durante un par de años antes de pedirle que se casara conmigo. Pero nada de eso importaba, me había enamorado».

Brian describe a Kristi, a quien llama Kris, como «alguien que se interesaba de forma sincera en todas las personas que conocía. Hacía sentir a la gente muy cómoda y querida». También tenía «una voz preciosa y era una música genial» que tocaba el piano y el trombón. Los dos tocaban duetos de Haydn, Kris al piano y Brian al oboe, y cantaban villancicos de Navidad. «En términos de sonido y de color, su voz sonaba como la de Julie Andrews», recuerda Brian.

Se casaron y tuvieron dos hijos. En 1993, cuando su hija tenía cuatro años y su hijo, dos, Kris fue al médico por lo que sospechaba que era una sinusitis. En cambio, «le notó un gran bulto en la garganta». A eso le siguió una ronda de biopsias y pruebas. Brian dice: «Recuerdo muy vívidamente estar en el trabajo cuando recibimos los resultados de las biopsias... Tenía lo que se llamaba un carcinoma papilar tiroideo, y se le había extendido hasta los nódulos linfáticos en el cuello. Cuando oí eso, aunque estaba en una zona abierta y con mucha gente, apoyé la cabeza en el escritorio y lloré. Porque en mi mente, lo que eso significaba era que estaba muerta. Que se iba a morir».

Kris se sometió a una operación de diez horas. Le extirparon la mayor parte del carcinoma, pero eso también dañó sus cuerdas vocales, así que ya no podía cantar. Tres meses después empezó un tratamiento radioactivo con yodo diseñado para matar cualquier célula cancerígena que hubiese quedado tras la cirugía. «Nos pasamos casi cinco años pensando que todo estaba bien. Cada seis meses los médicos le hacían un escáner y todo salía siempre negativo». Brian y Kris siguieron con sus vidas. «Kris era terapeuta marital y familiar. Trabajaba principalmente en los colegios, con adolescentes con problemas emocionales. Trabajaba mucho. Y estábamos criando a nuestros hijos». Pero sus índices en sangre de algo llamado tiroglobulina estaban aumentando muy lentamente, lo cual era preocupante porque ella supuestamente ya no tenía el tiroides.

Brian recuerda: «Trabajaba para Mitsubishi Electric, en la sección de semiconductores, y ellos tenían una empresa especializada en tecnologías de imagen para el ámbito médico, así que me pusieron en contacto con un radiólogo de Stanford y otro de Harvard. Les describí lo que le estaba pasando a Kris y les pregunté: «¿Hay mejoras en la tecnología de imagen que puedan detectar pequeños tumores?». El radiólogo de Stanford me puso en contacto con otro tipo que trabajaba en el departamento de medicina nuclear haciendo tomografías PET, que por aquel entonces —estamos hablando de 1997 y 1998— no estaban aprobadas como medio para detectar un cáncer. Pero ese hombre estaba investigando y logramos que nos dieran un permiso especial. El único lugar con un escáner PET en aquella época era la Administración de Veteranos de Palo Alto. Ni Kris ni yo éramos veteranos, así que tuvimos que conseguir otro permiso del estado para que pudiera hacerse el escáner allí».

La tomografía reveló seis tumores en los pulmones de Kris y más en su garganta. «Si hubiésemos seguido haciendo caso a los médicos de Kris por aquel entonces, habría muerto muchos años antes», explica Brian. En cambio, la pareja se embarcó en años y años de operaciones. «Aproximadamente cada dieciocho meses tenía que pasar por quirófano para que le quitaran tumores del cuello. Siempre hemos tenido la mentalidad de "sabemos que esto es duro, pero vamos a tratarlo como una diabetes o una enfermedad permanente más que como una terminal". Básicamente pensábamos que podríamos con todo lo que nos echaran y fue cierto hasta el verano de 2012».

Aquel verano, la salud de Kris se deterioró mucho, los tumores empezaron a poner en riesgo sus pulmones y le costaba respirar. «Un martes nos enteramos de que no tardaría mucho en morir. Por aquel entonces, ya había perdido la capacidad de hablar. Me apretaba la mano para poder comunicarnos de alguna manera. Un gran factor fue la funcionalidad de sus pulmones. Tenía miedo de asfixiarse. A veces su cuerpo simplemente entraba en pánico. No sabíamos cómo superar algo así.

»Uno de los mayores regalos que recibí fue cuando una de las enfermeras de la UCI me sugirió que me tumbara en la cama con Kris y la abrazara. Cuando me metí en la cama con ella, sus pulmones no se hinchaban ni se deshinchaban y su corazón apenas latía. Su riego sanguíneo estaba ralentizándose y la sentí igual que cuando el cemento fresco empieza a secarse. Estaba fría, pero pude intuir que la calidez de mi cuerpo al abrazarla fue reconfortante para ella. Siguió intranquila hasta más o menos la última hora antes de fallecer. Después, la embargó un claro sentimiento de paz. Lo sentí en su interior, y luego también en la habitación. Fue casi divino. Reverente».

Brian menciona lo diferentes que eran Kris y él, desde su actitud hacia la religión hasta la cantidad de emoción que dedicaban a su relación. «Kris tenía los pies muy en la tierra. Era muy práctica. Creció en una granja con vacas lecheras; su familia trabajaba mucho y no tenía mucho dinero. Yo soy más bien un soñador. Chocábamos mucho. En algunos sentidos, yo era el que llevaba la carga emocional de la relación. Normalmente suele ser la mujer y no el hombre, pero con Kris y conmigo era al revés. Eso generó algunos conflictos y a veces hacíamos cosas que herían al otro, algo normal en los matrimonios que llevan tantos años juntos».

Pero mientras Brian yacía allí, abrazado a Kris, sintió algo completamente inesperado. «Estaba intentando estar triste, porque incluso con todos los momentos difíciles, teníamos una relación maravillosa, nos queríamos muchísimo. Y entonces empecé a sentir lo contrario de tristeza, un sentimiento de felicidad y alegría». Añade: «Kris estaba tumbada a mi derecha y aquel sentimiento provenía claramente de ese lado». Pensó que podría tratarse del duelo, pero, en cambio, «sentí la resolución de todos los problemas que tuvimos. Todas nuestras disputas sencillamente se arreglaron sin más». Brian también hace énfasis en que esas diferencias no se disolvieron, sino que se resolvieron por completo. «Aún no soy capaz de entenderlo. No entiendo cómo pasó. Pero fue una experiencia muy real. Una experiencia en la que me quería y estaba conmigo para siempre y yo la quería y estaba con ella para siempre».

En aquella habitación de hospital, al hijo de Brian y Kris le estaba costando aceptar la muerte de su madre y apoyó la cabeza sobre su padre. Brian muy de vez en cuando era consciente de la presencia de sus dos hijos y se preocupaba por ellos. «Pero en cuanto pensaba en ellos, la experiencia que estaba viviendo se cortaba, así que me centré únicamente en Kris. Ella tomaba aire y se quedaba sin respirar durante unos minutos y yo automáticamente pensaba: "Ya está, se ha ido". Pero entonces respiraba otra vez. Y ahí estaba yo, tumbado a su lado, sintiéndome feliz y dichoso». Brian también percibió una profunda sensación de lo que él llama «la presencia de un ser inconmensurable». Percibía las figuras de Kris y de sus hijos en la habitación, pero a la vez era muy consciente de algo mucho mayor que el mundo tridimensional en el que vivimos. «La única forma que tengo de explicarlo es que vivimos encerrados en un cuerpo tridimensional, pero en realidad nuestro ser es muchísimo más dimensional de lo que la mente es incapaz de comprender. Y Kris estaba ahora en alguna otra dimensión de esas. Me quedé allí tumbado, sintiendo su grandísima, poderosa y reconfortante presencia.

»Al final, dejó de respirar y la enfermera vino y confirmó su muerte. Creo que salimos del hospital sobre las cuatro y media de la madrugada de un jueves. Emprendí el camino de vuelta a casa en coche, subí por una colina y vi una luna llena gigantesca. Era prácticamente naranja. Resultó que era una luna azul, así que me impresionó mucho».

Brian dice que desde aquella noche lleva consigo parte de lo que sintió con Kris. «Esperaba sentirme muy triste y afligido, pero la felicidad y alegría, y aquella sensación de "ser" procedente de ella fueron más poderosas. Todas esas pequeñeces que nuestra mente nos interpone en el camino y nos impide abrir nuestro corazón y amar… desaparecieron gracias a lo que viví con Kris durante sus últimos momentos. Con el tiempo lo he llegado a interpretar como un momento de gracia divina».

La intensa emoción de Brian no es única. Otros que han pasado por una experiencia de muerte compartida también han descubierto que una EMC puede tener un efecto sanador duradero en una relación. Elizabeth B. vivía en Francia en 1991 cuando estaba embarazada de su segundo hijo. «Mi marido es francés, así que nos habíamos mudado a Francia. Tuve un embarazo muy difícil que me obligó a estar con una vía intravenosa durante dos meses. Chelsea, mi hija, nació a los seis meses y medio y sobrevivió durante dos días gracias a un respirador. Volví a casa del hospital y mi salvación fue tener a mi hijo Morgan allí. Sé que él me ayudó a sanar después de aquella pérdida.

»Creo que para cualquiera que haya sufrido un aborto o perdido a su hijo justo después de dar a luz… es muy muy difícil. Lo que más me motivó a seguir adelante fue darme cuenta de que no podía tardar en levantarme y recomponerme porque Morgan me necesitaba. Lo segundo fue que sabía que podía tener más hijos y fui muy muy afortunada. Tengo dos hijas preciosas que nacieron después de que Chelsea falleciera.

»Pero después de perder a Chelsea, sentía que tenía un pie aquí y otro allí. Sabía que al final volveríamos a estar juntas y que, en parte, siempre estaba conmigo». La profundidad de aquel sentimiento cambió después de que Morgan se fuera de intercambio con otros trece estudiantes a Nanjing (China).

«Tenía vacaciones en el colegio y una de sus opciones era visitar a unos amigos en Hong Kong. Mi marido había trabajado allí, pero tanto a él como a mí nos preocupaba mucho que fuera a Hong Kong por si luego no podía volver a entrar en China. Tenía un visado especial de estudiante que le permitía salir del país, pero con estas cosas uno nunca sabe si luego vas a volver a entrar. Entonces nos dijo que todos los estudiantes iban a ir al Tíbet. Dos profesores iban a viajar con ellos, así que pensamos que sería maravilloso para él tener esa oportunidad. Aterrizó en Lhasa (la capital del Tíbet), que está a casi tres kilómetros y medio de altitud, con todos los demás estudiantes, pero no con los profesores, que habían decidido no ir. Desafortunadamente, decidieron inmediatamente ir al día siguiente al campamento base del monte Everest, que está a casi seis kilómetros de altitud. Durante el viaje de ascenso, todos empezaron a encontrarse mal en el autobús. Las chicas estuvieron vomitando y Morgan les sostuvo la cabeza. Ya había estado en China, así que era algo así como el hermano mayor de todos.

»Para cuando llegaron al campamento base», continúa Elizabeth, «todos estaban malísimos. Se estaban orinando encima en el autobús. Nadie sabía que ese era un síntoma del mal de altura ni que era muy grave. Morgan se fue a dormir temprano porque tenía una migraña horrible. Durante la noche, no dejó de despertarse y de vagar por allí llamando a los demás estudiantes por otro nombre. A las nueve de la mañana, trataron de despertar a Morgan, pero estaba echando espuma por la boca y no lo consiguieron.

»La madre de uno de los estudiantes era médica. La llamó por teléfono y le dijo que era muy importante que lo bajaran de altitud inmediatamente. Lo subieron al autobús. Morgan era un muchacho grande, medía un metro noventa y ocho y pesaba ciento treinta kilos. Empezaron a descender la montaña, pero él dejó de respirar. Lo bajaron del autobús y le intentaron hacer la RCP, pero ninguno de los chicos sabía realmente cómo hacerla. El director del programa en Nanjing se enteró de lo que estaba sucediendo y me llamó a Arizona con el número de teléfono del compañero de cuarto de Morgan, Colin, y me dijo que, si quería, podía llamar a Colin.

»Lo llamé al momento y lo que agradecí de Colin es que no tratara de maquillar la situación. Me dijo: "Morgan no está bien. No creo que vaya a salir de esta. Le están practicando la RCP, pero no respira". Le pedí a Colin que le acercara el teléfono al oído y le dije a Morgan que estábamos orgullosos de él, que lo queríamos y que no tuviera miedo».

Elizabeth describe la respuesta: «Fue instantánea; me abrazó desde dentro. Morgan se encontraba a miles de kilómetros de distancia, pero lo sentí al instante. Yo no soy religiosa. Como digo, soy espiritual. Nunca me había pasado algo así y supe de inmediato que, primero de todo, Morgan iba a estar siempre con nosotros. Sabía que el amor nunca muere y me sentí increíblemente conectada a él. Luego mi marido dijo: "Deja que hable con él", porque ni siquiera se percató, por mi tono de voz y lo que le estaba diciendo, de que Morgan había muerto.

»Le dije en francés: "Cariño, lo siento. Creo que se ha ido". Fue un grandísimo palo para mi familia porque no creo que ellos pudieran experimentar lo mismo que yo estaba sintiendo».

Pero Elizabeth ha llevado consigo esa experiencia desde entonces. Explica: «Estoy en contacto con Morgan constantemente. Cuando vivía en China, o incluso cuando estaba en Tucson, tenía que depender de un teléfono para hablar con él y a menudo hablábamos dos veces al día. Ahora siento que, siempre que lo necesito, está ahí conmigo. No diría que "hablo" con él, aunque sí que lo hago mucho en voz alta, pero lo siento conmigo todo el tiempo.

»Lo cierto es que nunca he llorado por la muerte de Morgan. Es mi primogénito. Mi niño. El amor de mi vida. Pero nunca he sido capaz de llorar porque cada vez que pensaba en él y me ponía triste, sentía al momento una energía maravillosa apoderarse de mí, como si me estuviera abrazando desde dentro. Aún sigue abrazándome así, sobre todo, por ejemplo, cuando estoy de bajón por alguna otra cosa, o si estoy preocupada por algo que me está pasando.

»Mi dos hijas me dicen: "Mamá, eso de que te abracen por dentro suena muy raro. Tienes que buscar otra forma de explicarlo", pero es eso justo lo que siento. Para mí, empieza en mi vientre y asciende hasta mi corazón y no permite que siga sintiéndome triste. Me llena. Es una inmensa sensación de paz y también me brinda felicidad.

»Tal vez un mes después de que falleciera, tuve un sueño precioso con Morgan. Sucedió en Jamaica, un lugar donde habíamos estado en uno de nuestros últimos viajes familiares. Se acercó a mí en un mercadillo, me abrazó y me dijo que todo iría bien y entonces se marchó. Esperaba recibir muchos más abrazos como ese. No ha sido el caso, pero no pasa nada. Una de las cosas que creo que todo el mundo debería entender, y que creo que me sucede a mí también, es que pasamos mucho tiempo con nuestros seres queridos mientras estamos dormidos y no necesariamente lo recordamos. Siempre me despierto feliz y estoy segura de que paso tiempo con Morgan y Chelsea allí».

Elizabeth también estaba decidida a usar esta experiencia para llegar a más gente. «Lo primero que quise hacer fue contactar con otros padres que también hubiesen perdido a un hijo porque me di cuenta de que esto mismo debía de sucederles a todos a causa del profundo amor que sentimos hacia nuestros hijos. Sé que la razón por la que pude conectar con Morgan es porque quería decirme que estaba bien y que todo iba a ir bien en nuestra familia. Probé en muchos grupos de duelo, pero nadie mencionaba haber tenido contacto con su hijo en el más allá. De hecho, era algo tabú en los grupos que pude encontrar.

»También quería ver cómo se encontraban esos padres un año, dos, o seis después de esa pérdida, y sus familias también. Si se podía sobrevivir a un suceso así. Ahora, casi nueve años después, me doy cuenta de que no solo se sobrevive, sino que se puede volver a ser feliz. Y prosperar».

Elizabeth al final creó un grupo llamado Helping Parents Heal (en español, Ayudando a Padres a Sanar). Explica: «Uno de los rasgos más importantes del grupo es que nos llamamos "padres de luz". Y no es porque brillemos, sino porque nuestros hijos brillan a través de nosotros. Brillan a través de nosotros y realmente nos enseñan cómo sanar». Añade: «No creo que sea única ni especial. No tengo nada de único ni especial. Creo que todos pueden contactar con sus seres queridos. Yo tuve mucha suerte en términos de la rapidez con la que ocurrió con Morgan, por el hecho de que ya tenía un pie aquí y otro allí por lo de Chelsea. Pero no creo que nadie deba sentirse mal si no le sucede inmediatamente después de que su ser querido fallezca. Al mismo tiempo, creo que cualquiera que pase por eso debe entender que también es algo muy normal.

»Simplemente todos experimentamos un grado distinto de lo mismo, que es un gran flujo de amor. Todo nace del amor, del amor que Morgan y yo compartíamos, del amor que también comparto con Chelsea, y ahora del amor que comparto con todos los demás padres. Uno de los temas que más tratamos en el grupo es que nuestros hijos están en casa y que nosotros seguimos estando en el «colegio». Sigue habiendo cosas que aprender aquí. Seguimos estando aquí por un motivo, pero ellos quieren que seamos felices y que sintamos alegría porque ellos también están felices y alegres. Eso es algo muy importante que la gente tiene que entender. Nuestros hijos cumplieron con su cometido mientras estaban aquí. En bastantes casos creo que muchos de esos niños son almas muy antiguas. Hicieron lo que tenían que hacer y ahora han regresado allí. Otra cosa de la que hablamos en el grupo, y que creo con todo mi ser, es que cuando volvamos a ver a nuestros hijos será como si el tiempo nunca hubiese pasado, porque el concepto del tiempo allí es completamente distinto al de aquí».

Al igual que muchos otros que han vivido una experiencia de muerte compartida, Elizabeth dice: «No hay que tenerle miedo a morir ni a la muerte, pero eso va con una advertencia: tampoco hay que acelerar el proceso. Todos tenemos un papel en esta vida». Y cree profundamente que los padres que han perdido a un hijo no deberían sentirse solos. En cambio, los que ya han pasado por esta clase de pérdida deben «tender una mano a otros para ayudarlos a seguir adelante».

Tanto a Brian como a Elizabeth, la experiencia de muerte compartida los ayudó a fortalecer una relación de larga duración y, en el caso de Brian, también a reparar las abrasiones acumuladas en su matrimonio. Pero ¿y las relaciones profundamente deterioradas y difíciles en las que los vínculos se han dañado de forma, a priori, irreparable? ¿Esas también pueden transformarse? En algunos casos la respuesta es sí. Julie S. se describe a sí misma como una «persona escéptica por naturaleza. No creo en fantasmas. Nunca he vivido una experiencia "psíquica". Como enfermera, he visto a pacientes morir y he consolado a familiares, pero nunca había oído lo de las experiencias de muerte compartidas y mucho menos había vivido una».

La historia de Julie empieza con una llamada de teléfono de su hija adulta, Sophie. Explica: «El padre de Sophie y yo nos divorciamos hace una eternidad, cuando ella tenía nueve años y su hermana y hermano tenían siete y cinco. No fue el mejor matrimonio y no tuvimos un divorcio fácil. Yo pasé página, estudié enfermería y me volví a casar. Mi ex también se volvió a casar y, para cuando Sophie me llamó, él y yo llevábamos una década sin hablarnos».

Por sus hijos, Julie sabía que su exmarido llevaba meses reducido a una silla de ruedas y que estaba empezando a mostrar signos de demencia. Aunque solo tenía sesenta años, requería cuidados constantes y lo habían internado en una residencia. Julie recuerda que ese fin de semana hacía un calor brutal, con máximas de cuarenta grados. Aun así, su hija Sophie le preguntó si podía ir a visitarla con sus dos hijas. Cuando Julie le preguntó por qué, Sophie le respondió que se había despertado esa mañana con la sensación de que debía ir a verla.

Entonces, Julie recuerda: «De camino a la ciudad, Sophie hizo una parada en la residencia para visitar a su padre. Entraron en su habitación y las niñas gritaron "¡Hola, abuelo!" y entonces se quedaron petrificados. Estaba inconsciente». Sophie pidió ayuda. La presión arterial de su padre había bajado a 75/45. Tenía las pulsaciones en 133.

«Cuando Sophie me contó lo que había ocurrido, supe que era grave. Le dije: "Si quieres despedirte de tu padre, ahora es el momento".

»Al final, todos volvieron a casa. Organizamos un plan para el día siguiente y decidimos que llevaría a las niñas al cine. Ya se habían despedido y Sophie podría quedarse junto a su padre. Por la mañana después de desayunar, Sophie volvió a la residencia y las niñas y yo nos fuimos al cine».

A mitad de la película, Julie tuvo lo que describe como «una impresión que la distrajo» y sintió que «algo está pasando. Su estado está cambiando. Se está yendo.

»Traté de achacarlo a mi imaginación, pero la sensación no se marchaba y me resultaba muy complicada de ignorar, como cuando mi perro me miraba fijamente y en silencio. Me estaban pidiendo hacer algo y en espíritu vacilé, pero luego dije que sí». Lo que sucedió a continuación fue transformador. Julie explica: «Cerré los ojos y el tiempo y el espacio cambiaron. Estaba con él en ese nuevo espacio. La pantalla del cine y los sonidos habían desaparecido por completo».

Julie describe haber visto a su exmarido «envuelto como una momia, con solo la cabeza al descubierto. Sus rasgos no se distinguían bien, como si fuese una imagen reflejada en un espejo antiguo y con un filtro de color sepia. Las capas de tela alrededor de su forma estaban sueltas y como flotando, de un material parecido al lino, pero con más vuelo. No acababan; la tela se fundía con la oscuridad que lo rodeaba.

»Se estaba moviendo hacia arriba, hacia la luz sobre su cabeza. La miré». Recuerda ver «una luz difusa y preciosa que era algo más que luz. Era un lugar, un espacio, una energía. Era libertad y liberación, perdón y aceptación». Sintió como si «estuviese vislumbrando la eternidad».

En ese momento, Julie lo oyó «decir: "Tengo que irme. No aguanto más", ni con palabras ni con su voz», añade. «Sino claramente y hacia mí. Más que una voz o palabras, fue como ser consciente de ese mensaje. Entonces comprendí que estaba allí para ayudarlo en su transición al más allá. Tenía que irse y, por algún motivo, yo formaba parte de ese proceso. Le envié mi energía para ayudarlo a impulsar su espíritu hacia arriba. Hacia el más allá. Le dije: "Está bien, sí, vete. Vete en paz"».

Julie dice: «Fue la sensación más profunda, tranquila e indescriptible que he tenido nunca. Y luego acabó». La atención de Julie regresó a la película y al olor a palomitas. Recuerda pensar: «¿Ha pasado de verdad? ¿Me lo he imaginado?». Sus siguientes pensamientos fueron: «Nadie me creería, y ni yo estaba segura de creérmelo. Tenía que saber la hora. Así que busqué el móvil dentro del bolso. Eran las 13:32, así que decidí escribir a mi hija». Julie pensó en preguntarle «¿Tu padre acaba de morir?», pero en cambio escribió: «He sentido algo raro». Sophie le respondió al instante: «Creo que acaba de irse».

«"Lo sé", le contesté. "Lo he sentido"». En ese momento, Julie dice: «Me di cuenta de lo difícil que iba a ser contárselo a los demás. Iba más allá de las palabras». Añade: «Me sentí honrada de que me hubiera elegido o que me hubiera permitido ver su marcha al otro lado».

Más tarde, Sophie le dijo a su madre que durante los últimos momentos de su padre «abrió los ojos antes de morir y movió los labios». A lo que Julie dice: «Pensé, "Sí, lo sé"», y añade: «Vislumbrar la eternidad siendo una mera mortal me afectó de manera espiritual». Julie dice que esta experiencia la ha convertido en «menos escéptica y temerosa de la muerte». Y espera que su historia pueda ayudar a otras personas a «darles consuelo».

Similar a las intensas emociones y resoluciones que sintieron tanto Brian como Elizabeth, Julie descubrió que la transición y la muerte de su exmarido la dejó con un profundo sentimiento de paz. Aunque ella no experimentó una sensación física tan grande como Brian o Elizabeth, su vivencia se ve reflejada en otras EMC que ya hemos compartido previamente, en las que el beneficiario actúa de guía y tiene la sensación de elevarse y de compartir una partida «energética». Este amplio rango de experiencias también nos subraya a nosotros, como investigadores, que no hay una «forma correcta» de vivir una EMC, ni que tampoco los elementos de una EMC determinan su impacto inmediato y posterior en quien las vive. De hecho, como hemos visto en repetidas ocasiones, el poder de una EMC es independiente de sus elementos. Este hallazgo es particularmente evidente cuando distintos individuos participan en una única EMC.

Como investigador y psicólogo, uno de los aspectos más fascinantes con los que me he topado es la EMC «múltiple», en la que dos personas en la misma habitación presencian la transición de un ser querido al más allá. Un ejemplo puede verse en la historia de Scott T. sobre la muerte de Nolan, en la que su amiga, la hermana de Mary Fran, se encontraba al otro lado de la habitación y también experimentó una EMC. A continuación, trataremos este tema en más profundidad con dos casos, uno en Londres y otro en California.

10

COMPARTIR LA EXPERIENCIA DE MUERTE COMPARTIDA

A Larry C. se lo conocía como «el señor de Santa Bárbara», aunque nació en Massachusetts en 1923 y creció en Newark (Nueva Jersey). Su familia lo perdió todo durante la Gran Depresión y llevó al padre de Larry al límite. «Su madre empezó a trabajar como dependienta de zapatos, era pluriempleada y cuidaba de tres hijos y de su marido», recuerda la hija menor de Larry, Leslie. «Cuidar de su marido era especialmente difícil; mi abuela solía atarse a su marido al hombro por la noche con una toalla. Si no lo hacía, el hombre se levantaba y empezaba a rondar por el barrio. A veces mandaban a mi padre a buscar a su padre cuando se había ido», explica Leslie.

Larry se inscribió en el ejército en 1943 y se convirtió en un bombardero del Cuerpo del Ejército de Aire. Aunque le condecoraron con un Corazón Púrpura, al principio «le gustaba decir que era uno de los peores bombarderos de la historia», bromea Leslie. «Se suponía que tenía que bombardear Viena, le dio a la palanca demasiado pronto y todas las bombas cayeron en un lago a unos cincuenta kilómetros a las afueras de la ciudad. Como su avión lideraba la formación, los otros veinte también soltaron las suyas antes de tiempo». Larry volvió a casa, estudió en la Universidad de Siracusa y acabó en Nueva York. «Trabajó un tiempo en una compañía telefónica como técnico, lo cual me pareció la monda. Quien conoce a mi padre sabe que la tecnología se le da tan mal que hasta le cuesta hacerse unas tostadas».

Pero le encantaba bailar. Larry encontró trabajo como profesor de bailes de salón profesional en el Arthur Murray Dance Studio. Allí conoció a su futura mujer, Marcy, y también llamó la atención de Arthur Murray, quien envió a la pareja por todo el país para abrir otras franquicias del Murray Dance Studio. En California les dieron la opción de mudarse a Santa Bárbara o a Bakersfield. «Mi madre fue a Bakersfield, se quemó la mano con la puerta del coche y dijo: "No pienso permitir que mis niños crezcan aquí". Así que se mudaron a Santa Bárbara.

»Durante todo su matrimonio, cuando pasaban malas rachas y estaban frustrados el uno con el otro, bailar siempre fue su elixir mágico, porque era lo único que no podían hacer el uno sin el otro. No podían hacerlo con otras personas», recuerda Leslie. «En la pista de baile mi padre era como la mantequilla, sus movimientos eran fluidos como la seda». Recuerda verlos salir una noche; su padre iba con traje y su madre llevaba un vestido de baile. «Estaban guapísimos. Parecía que iban al baile de Cenicienta en Disneyland».

Larry también era un maestro de ceremonias codiciado en los eventos benéficos. «Era de torso fuerte y prominente y animaba el ambiente nada más entrar por la puerta», dice Leslie. Y además tenía «la capacidad de dejar a un lado los límites sociales. Se sentía tan cómodo con Ronald Reagan y los donantes adinerados como con la gente de las cocinas. De hecho, se sentía más cómodo con los cocineros porque era de dónde procedía, pero tenía una habilidad mágica con la gente. Su mayor don era conectar con la gente allá donde fuera, haciéndolos sentirse vistos y apreciados. Se interesaba de verdad en lo que le decías y en cuál era tu historia. Ese tipo de interés genuino es muy poco común. La mayoría casi ni nos interesamos por nuestro círculo más cercano, pero él lo hacía con todos».

La vida en casa no era perfecta, aunque Leslie sí que guarda buenos recuerdos. Era la menor de cinco hijos, «el furgón de cola de una gran familia católica», tal y como se describía ella. Su madre estaba tremendamente ocupada y de su padre dice: "Pudo no ser un marido perfecto en cuanto a ayudar en casa o con los niños, pero era el mejor padre del mundo. Y siempre estaba listo para llevarte a la clase de deporte, para correr contigo por el jardín o para jugar a juegos de letras. Cuando mi madre se enfadaba con él, decía: "Tengo seis niños"».

Entonces la primera de muchas tragedias ocurrió. Leslie estaba preparándose para graduarse de la Universidad de Stanford dos días antes de su cumpleaños cuando su hermana mayor se suicidó. «Era catorce años mayor que yo y la luz de mi vida; fue un golpe devastador para la familia. Era como nuestra segunda madre. Éramos Ashley, mis tres hermanos varones y yo. Ambas nos llevábamos muy bien, lo cual es raro teniendo en cuenta que éramos una adolescente y una adulta; ella me mandaba baratijas o postales y cosas así, me traía regalos y pasaba tiempo conmigo. Nos íbamos de aventura; me llevaba al Museo de Historia Natural y me invitaba a comer, o nos íbamos a buscar conchas en la playa con una lupa y un libro con todos los nombres científicos y mirábamos cuáles eran y cuáles encajaban.

»Teníamos una relación de novela, pero unos tres o cuatro años antes de que falleciera empezó a mostrar síntomas de depresión. Al final estaba sufriendo mucho. Recuerdo que mi hermano Michael me llamó y me dijo: "Oye, pasamos a por ti". Y yo pregunté: "¿Por qué?". Para mí fue muy duro y no puedo ni imaginarme lo que supuso para mis padres perder a una hija.

»No éramos una familia que hablara mucho sobre nuestros sentimientos salvo para decirnos "Te quiero". Recuerdo que mis padres a raíz de entonces se encerraban en su habitación, cosa que antes nunca habían hecho durante el día, y hacían luto, creo que porque no querían que los viésemos llorar. Todos llevamos nuestro luto en privado. De vez en cuando mi madre preguntaba: "¿Cómo lo lleváis?". Pero no hablamos mucho de lo que supuso para nosotros esa pérdida. Más bien nos dedicamos a masajear los hombros de los demás, o a llevarnos una taza de té, o hacer algo por ellos, o nos decíamos: "Oye, ¿por qué no damos un paseo?", o cosas así. Yo jugaba al baloncesto y creo que hablé algunas veces con la psicóloga del equipo, pero sobre todo para preguntarle: "¿Qué herramientas hay para lidiar con esto?". Casi como si le preguntara a un fontanero: "¿Qué compro en la ferretería para arreglar el fregadero?".

»Mi padre tenía un pico de oro y su forma de lidiar con la situación era hablando de ello en público. Mi madre era diametralmente opuesta, muy muy reservada. Eran polos opuestos en muchas cosas y para cuando nací yo no sabía qué tenían en común aparte de la familia. Sus estilos de vida no se parecían en nada y se guardaban algo de resentimiento. Mi madre estaba molesta porque mi padre pasaba mucho tiempo en el barrio y volvía a casa y no la ayudaba. Y mi padre estaba molesto porque ella no lo apoyaba tanto, aunque durante años estuvieron saliendo cuatro o cinco noches por semana para participar en las actividades del barrio».

Leslie se matriculó en la escuela de posgrado de Stanford, jugó un campeonato de baloncesto de la NCAA (la liga deportiva) y finalmente pasó tres años jugando profesionalmente en Japón en una época en la que todavía no había ligas profesionales femeninas en Estados Unidos. Había heredado su amor por el baloncesto de su padre. «Mi madre nos llevaba a la iglesia. Papá fue un par de veces, pero normalmente se quedaba jugando al baloncesto los domingos por la mañana. Esa era su iglesia, la iglesia del baloncesto». Volvió a casa cuando a su padre le dio un infarto grave. «Como siempre, se sacó un conejo de la chistera y se puso bien después de una derivación quíntuple o séxtuple». Pero Leslie decidió quedarse en California. «Era consciente de que mis padres estaban mayores. Me tuvieron con cuarenta años y pensé: "Guau, el tiempo es limitado, quizá más de lo que creía, y quiero estar con ellos"».

Empezó a trabajar como segunda entrenadora para el equipo masculino de Westmont, una universidad local. Un extraño accidente durante un viaje de reclutamiento la dejó temporalmente incapacitada por culpa de una devastadora lesión vertebral. «Mis padres básicamente me dijeron: "Vuelve a casa para que cuidemos de ti"». La madre de Leslie fue su cuidadora; ella misma había sufrido una lesión grave en la espalda antes de que naciera Leslie y la había dado a luz con todo el cuerpo escayolado menos por un agujero en el abdomen. Pero Leslie también pasó algunos momentos especiales con su padre. «Cuando era pequeña íbamos a un club de natación. Él se metía en la parte baja, la de metro veinte o metro y medio, entonces se agachaba y dejaba que me colocase de pie sobre sus muslos. Me agarraba de las manos, caminaba hacia atrás y hacia delante y se ponía a cantar una canción inventada: "Surfero, surfero, el que de casa sale surfeando con esmero". Veinte años más tarde, durante uno de los primeros días que me sacaron de la silla de ruedas y me sumergieron en el agua, él estaba allí junto al fisioterapeuta. Me dijo: "Ven, siéntate en mi regazo". Así que me senté sobre sus piernas e hicimos lo mismo. Fue un momento increíble lleno de dulzura y cariño».

Leslie regresó al deporte competitivo y entró en un equipo de barco dragón que estaba preparándose para el campeonato mundial. También trabajaba. Sus padres parecían estar bien; su madre nadaba más de un kilómetro y medio al día. «Nadie esperaba que mamá fuera la primera en morir». Pero a los ochenta y tres años sufrió un derrame cerebral y falleció. «Mi padre me dijo: "Tienes que venir porque yo no puedo hacerlo solo". Así que volví a casa, algo que lo alivió muchísimo. Pero los años pasaron y parte del problema era que había heredado el papel de mi madre, aunque yo no era ella».

La salud del padre de Leslie también estaba deteriorándose. Le diagnosticaron diabetes, pero él insistía en beber refrescos azucarados y comer mal. «En lo que se refería a su salud o la de mis hermanos, yo era de ideas fijas, como mi madre, porque era importante. Cuando era muy joven decidí que prefería las quejas antes que ir a funerales. Así que estaba dispuesta a sacrificar nuestra relación por eso, y lo hice. Nuestra relación se agrió y mi padre me echó». Sus hermanos encontraron a un cuidador y Leslie se mudó a Oregón para competir y más tarde entrenar a un equipo de barco dragón, con el que ganó un campeonato mundial.

«Llamaba a mi padre de vez en cuando. Él nunca me llamaba a mí, pero tampoco es que fuera de los que llaman. Era más bien de hacer las cosas en persona. También le escribía correos y le mandaba bromas y demás. A veces él me respondía, pero casi siempre me daba la sensación de que sinceramente no quería saber nada de mí. Aun así, sabía que me seguía queriendo y yo a él. Lo bueno que tiene nuestra familia es el amor incondicional que nos tenemos. Es tan profundo que podemos tomarnos la libertad de enfadarnos con alguien, incluso durante años. Pero si pasa algo, lo dejamos todo y vamos a ayudar».

Después de que el padre de Leslie se mudara a un complejo de viviendas para jubilados, su salud empeoró notablemente. «Ni que decir tenía que fui cuando enfermó, aunque estuviera entrenando al equipo americano de barco dragón por aquel entonces y estábamos en la fase previa al campeonato mundial de Rusia. Me pedí días de asuntos propios. Al principio pensé que estaría allí una semana, pero entonces quedó claro que no iba a ponerse mejor y yo no pensaba irme.

»Una de mis mejores amigas es trabajadora social en cuidados paliativos. La llamé y ella nos lo explicó todo. Todo lo que puede pasar, las decisiones que había que tomar y demás. Fue realmente útil y creo que nos ayudó a todos a tomar las mejores decisiones en nombre de nuestro padre.

»Además, tras haber tenido que soportar dolor durante bastante tiempo y haber estado ingresada en el hospital teniendo que pulsar un botón para llamar a las enfermeras, una empieza a reconocer cuándo la medicación ya ha dejado de hacer efecto y es hora de pedir más o cuándo le están poniendo demasiado. Le costaba dormir por el dolor; la única forma en la que se dormía era en una silla».

Internaron al padre de Leslie en cuidados paliativos y entonces empezó a ver visiones de su madre —«La quería mucho y durante toda su vida había hablado de ella como si fuese un ángel»—, y a dormir cada vez más. «Empezaba una frase, entonces su voz se iba apagando y se quedaba dormido. Pero la mañana antes de entrar en coma pareció recuperarse brevemente. Quiso bajar y desayunar. Estamos hablando de un hombre al que le costaba ir al baño del inmenso dolor que sentía en las piernas, pero bajamos y desayunamos en una de las mesas de fuera, al aire libre. Se pidió un desayuno completo y leyó el periódico. Me recordó tanto a cuando era pequeña, cuando desayunaba mientras lo leía. Recuerdo que agradecí que hiciera sol y me dijo: "Qué maravilla estar sentado aquí". Estaba bastante lúcido y alerta. Y entonces añadió: "Estoy cansado, subamos".

»Se metió en la cama y no se volvió a levantar. Me senté con él y me puse a leer, y luego mis hermanos vinieron a visitarlo. Se despertó un par de veces en las que sonrió o dijo alguna frase y después volvió a dormirse. Pero sabíamos que le gustaba hablar y le gustaba la música, así que también le cantábamos».

»Yo estaba al mando de un equipo de barco dragón de ciento cincuenta y un personas que iba a campeonatos mundiales. Era bastante obvio que estaba decepcionando a mucha gente, pero ni me planteé irme. La última mañana estaban dos de mis hermanos allí. Estábamos sentados riendo, cantando y contando historias, y se fueron a por bocadillos para comer. Sarah, mi sobrina, apareció. Mi padre y ella siempre se habían llevado muy bien. Ella le agarró la mano y habló de los buenos tiempos. Es muy alegre y mi padre gravitaba hacia ella.

»Recuerdo que el sol brillaba y que Sarah y yo estábamos hablando con las lágrimas saltadas porque la respiración de mi padre había empezado a ralentizarse y parecía quedar poco para el final. Le dije: "Está bien, papá. Sarah está aquí y te quiere". Traté de darle margen para cualquier cosa que quisiera. Ya nos habíamos despedido de él varias veces y le habíamos dicho que se fuera cuando lo necesitara. Ya lo aprendimos cuando mi madre murió. Le dijimos: "Vete cuando lo necesites, papá. Estamos aquí y estamos contigo. Cuando quieras".

»De repente, oímos pájaros en la ventana haciendo mucho ruido. No los veíamos, solo los oíamos. Como si estuviesen intentando llamar la atención de mi padre y, como no llevaba sus audífonos puestos, tuvieran que hacer mucho ruido. Sarah y yo nos miramos como diciendo: "¿Qué es eso?". Y entonces papá abrió los ojos, miró hacia la ventana y sonrió. Fue algo divino. Su ceño, que había tenido fruncido, se relajó. Sonrió y se fue.

»Sarah dijo: "Guau, creo que los pájaros han venido a por él. Creo que han venido para decirnos: "Está bien". Lo primero que pensé fue que era una pena que mis hermanos no estuvieran allí. Y después, mientras miraba hacia la ventana, me vino una imagen de una luz dorada y mi padre con sus dos hermanos y su madre, abrazándose y alejándose a pie, como diciendo: "Sí, estoy bien". Todos parecían jóvenes y él vestía su uniforme del ejército. Fue interesante porque las fotos que tenemos de su madre son de cuando ella era mayor. Recuerdo que me sorprendió no recordar si había visto alguna foto de ella con esa edad, pero ahí estaba. Él siempre la había descrito como una mujer agobiada por el trabajo y el estrés económico, pero no parecía en absoluto apurada, sino sana y feliz. Mi padre abrazaba a su hermano Martin por un lado y a su madre por el otro. Y su hermano Sam se encontraba en el otro extremo, pero todos estaban agarrados y se alejaban caminando. Toda la escena fue como una película, donde también había una luz dorada, no excesivamente brillante, pero se podía ver que había mucha más luz allí, y todos estaban sonriendo y felices. El mensaje que transmitían era: "Vale, ha llegado la hora de irse".

»Mi padre solía decir: "Soy un ateo que reza". Pero durante sus últimos seis meses a veces hablaba de Dios, de lo que sería ir al cielo. Recuerdo que una vez me preguntó: "¿Cómo crees que será?". Hablaba de las ganas que tenía de volver a ver a su madre. Decía: "No sé si todo eso de Dios será verdad, pero si lo es, seguro que ella está en el cielo y será genial volver a verla porque estará en paz. Ya no estará preocupada por nada. Estará feliz y bien cuidada".

»Y yo bromeaba con él y le preguntaba: "Papá, ¿cómo sabes que irás allí?". Y él me respondía: "Vaya que sí que iré". Creo que realmente no tenía ni idea, pero bromeábamos con eso».

Leslie trabaja en informática y operaciones e interpreta ese momento durante la muerte de su padre según esas operaciones. «Soy una persona que se rige literalmente por datos. Después de vivir aquello, leí estudios y descripciones de lo que los científicos y la gente que analiza estos sucesos cree que pasa. Hay personas que creen que el mundo espiritual existe y también muchas otras que no, que son más reduccionistas y solo creen en el mundo físico. Así que soy consciente de que posiblemente fuera lo que comí al desayunar, los antiguos recuerdos de mi padre, cosas que me dijo y demás convergiendo en una historia. Así funciona nuestro cerebro. Lo entiendo. Pero tengo la sensación de que no fue así. De que fue una visión, un regalo de Dios o del plano espiritual».

Leslie es muy consciente de que quizá otros desechen su experiencia o, como mínimo, digan que fue producto de las circunstancias, que lo generó su mente en vez de alguna fuerza externa. Ella también se hizo esa misma pregunta dada su analítica forma de ser. «Tengo la sensación de que no fue solo un montón de neurotransmisores en mi cerebro creando una imagen que me inventé, sino que fue algo que realmente pasó. Y lo vi pasar. Vi su transición y cuando pasó a estar en brazos de su familia, lo que él esperaba, y de regreso a su juventud, algo que él quería y de lo que habíamos hablado mucho. Una transición en la que se deshizo del peso de este mundo y del dolor que había sentido aquí.

»Lo quise», añade. «Era un hombre genial y fui afortunada de tenerlo como padre. Quise que no sufriera y fuese feliz allá donde quisiera ir. Y pareció haberlo conseguido».

Aquel mediodía su sobrina Sarah estaba sentada con Leslie. Ella había vivido sus propios recuerdos y su propia experiencia de muerte compartida durante el fallecimiento de su abuelo. Mientras que Leslie se había criado en el seno de la iglesia católica por su madre, Sarah había crecido en una cultura religiosa mucho más amplia. Describe su relación con su abuelo así: «De todos los nietos, probablemente yo fuera la que pasé más tiempo con él. Estoy segura de que a todos nos hacía sentir como si fuésemos su favorito, pero después de tener a mis hijos, nos mudamos a una calle de su casa. Lo visitaba continuamente y me sentaba con él. Iba cuando estaba viendo a los Lakers y me aseguraba de que tuviera las uñas y los pies bien por la diabetes. Siempre quería masajes en las manos y en los pies. Salíamos a comer los martes y compartíamos un sándwich Reuben. Yo intentaba que se lo sirvieran sin patatas fritas, pero era una causa perdida».

Sarah tenía su propia opinión en cuanto a la familia. «Se llevaba muy bien con su madre. Supo prácticamente el minuto en que falleció. Cuando se acercaba al final, soñó muchas veces con ella. Siempre que estaba algo ido, estiraba el brazo para buscarla y la llamaba y hablaba con ella. No entendíamos todo lo que decía, pero era evidente que esperaba volver a verla.

»Sin embargo, las conversaciones de Sarah con su abuelo acerca del más allá distaban mucho de las de su tía. Durante años decía que "él no creía para nada en Dios y se mantuvo erre que erre: 'Cuando me muera, me moriré. No habrá nada al otro lado'. También decía que quería volver. Deseaba haber podido fingir su muerte para volver y estar en su funeral, porque todo el mundo diría cosas buenas de él"».

Mientras su salud empeoraba, «tenía muchísimo dolor. Le habían diagnosticado diabetes y tenía partes de los pies muy afectadas. Se le estaban poniendo negros y le incomodaban mucho. Durante sus últimos días siempre quería estar con gente a su alrededor porque no recordaba que acababa de vernos. Se frustraba mucho porque intentaba hablar con todas sus fuerzas. Es decir, era un hombre al que le gustaba hablar, tener la palabra, y se podía ver que intentaba transmitir mensajes casi con desesperación».

Su última mañana Sarah recuerda: «Teníamos la ventana abierta y los pájaros hacían mucho ruido. Antes había habido mucho silencio y recuerdo preguntarle a Les: "¿Soy yo o…?". Y ella respondió: "No. Lo estamos viviendo de verdad ahora mismo". Lo vimos alzar la cabeza, sonreír, respirar por última vez antes de irse. Leslie y yo nos miramos, atónitas, porque los pájaros se habían vuelto locos.

»Fuimos capaces de ver su muerte y vivirlo de una forma similar a como lo había hecho él. Creo que se sorprendió, porque no esperaba volver a ver a su madre. A pesar de saber que ella probablemente había sido la persona más importante de su vida, mi abuelo no contaba con ver a nadie cuando muriese. Así que darse cuenta de que estaba viendo a gente allí fue muy inspirador. La mera idea de volver a contactar con alguien que lo quería mucho fue increíble».

Sarah dice que a ella aún le cuesta encontrar las palabras para describir bien lo que pasó. «Jamás he vivido nada como lo de los pájaros. Creo que nunca he escuchado cantar a unos pájaros de esa forma tan bonita. Te hace cuestionarte cosas. Esa conexión que compartimos todos. Los meses y los días previos a aquel momento habían estado llenos de dolor, así que cuando sucedió fue casi como una alegría. Como un "Dios, ha sido precioso, no esperaba que fuese tan bonito". No esperaba estar tan feliz. No esperaba sentir tanta alegría. Simplemente escuchar a los pájaros y ser testigo del más allá… fue una sensación de: "Ah, otro paso más, por fin ha llegado. Está allí".

»Al final sentí que no le quedaba nada a lo que aferrarse. Fue como un: "Ya está. Lo he hecho. Ahora lo siguiente". Creo que mi abuela no había estado tan preparada para morir, pero él había pasado meses despidiéndose. El proceso de estar ahí y vivirlo fue sanador. Si solo me hubieran llamado y no hubiese vivido lo hermoso que fue, las cosas habrían sido distintas. Muchas veces he pensado que a la gente le da vergüenza hablar de la muerte o, si lo hace, es a regañadientes, y si dices que es bonita a la gente le parece raro. Pero a mí el estar allí y haber vivido algo tan sagrado y precioso me ayudó».

Pero hablar de su experiencia con los demás ha sido muy duro para Sarah, incluso con su propia familia. «Hablarlo era casi como un poco tabú.

Hay personas que no saben cómo lidiar con la muerte. Mi madre solo me dijo un "Vale"». En cuanto a su sensación de alegría, Sarah añade: «Sinceramente, creo que la gente no quería oírlo. Fue más un: "¿Vas a estar bien? Dinos que vas a estar bien". La gente suele preguntar: "¿Todo bien? ¿Estás bien? ¿Puedo traerte flores? ¿Vale? ¿Estás bien?", porque se sienten incómodos. La amiga que más dispuesta estuvo a hablar de aquello conmigo era psicóloga en oncología».

Sarah dice que la experiencia la ha llevado a replantearse su opinión con respecto a la muerte. «Ahora echo la vista atrás y creo que intentamos aferrarnos demasiado. Una parte de mí desearía que nos hubiésemos percatado antes de las señales. Hubo demasiadas intervenciones médicas, toda la medicación, el marcapasos. Creo que, si pudiera retroceder y hacer las cosas de otra forma, habría sido más consciente del proceso y me habría preguntado si somos los demás los que buscamos aferrarnos por motivos egoístas, o si fue él el que luchó por aferrarse. ¿Por qué nos esforzamos tanto en asegurarnos de que coma tres veces al día si ya no tiene hambre? Cada vez que iba al hospital perdía una parte de sí mismo. Cada vez que salía del hospital era un hombre distinto. ¿Cuánto tiempo se puede mantener a una persona así solo porque nos incomoda hacer esa transición?

»Sí que creo que hay vida en el más allá», añade. «Más incluso que antes».

Las experiencias de Leslie y Sarah son una gran demostración de cómo una experiencia de muerte compartida puede ser muy similar para dos personas y a la vez, diferente. Al contrario que en el caso de Scott T., en el que tanto él como la hermana de su novia tuvieron una EMC junto al lecho de muerte, en ese momento ninguno fue consciente de la presencia de la otra persona; Leslie y Sarah sí que sabían que estaban compartiendo el momento de la muerte de Larry. Ambas escucharon los reclamos fuertes de los pájaros, vieron a su padre y abuelo levantar la cabeza y sonreír y sintieron un torrente de sensaciones alegres y calmantes, sentimientos que persistieron durante el luto posterior. La experiencia de Leslie incluyó un paso más, una visión clara de su padre yéndose con su madre y sus hermanos, pero el impacto fue el mismo para ambas mujeres. Los casos como este son parte de la razón por la que nuestra investigación sugiere encarecidamente que la existencia de las EMC y la capacidad de percibirla son los componentes clave de la experiencia en vez de si la EMC posee un rango amplio de elementos complejos. Las EMC no necesitan ser imponentes u ostentosas para albergar un gran significado.

Las EMC compartidas también revelan otro «regalo», uno involuntario. Vivir una experiencia compartida ayuda a dar una validez mayor al suceso. Scott T. se quedó más seguro de lo que había vivido después de escuchar la otra experiencia que había tenido lugar en misma habitación de hospital con Nolan. En el caso de Leslie y Sarah, cada una fue capaz de comprobar la validez y la similitud de lo que habían vivido con la otra. En el próximo caso ese acto de compartir ayuda a Amelia B. a preservar y a estar más segura de su propia experiencia de muerte compartida.

Amelia es abogada en Reino Unido y madre de cuatro hijos. A su tercer hijo, Tom, un niño rubio y de ojos azules, le diagnosticaron un cáncer raro, DS-RCT (un tumor desmoplásico de células pequeñas y redondas) un mes después de cumplir diez años. A los ocho Tom bromeaba y le decía que iba a morirse antes que ella, que moriría joven. «Repetía todas las noches: "Me moriré antes que tú, mamá. No voy a hacerme mayor. No envejeceré. Voy a morir antes que tú". Y yo le decía: "No seas tonto, claro que voy a morir yo antes que tú. Soy mayor". Y él respondía "No, no, voy a morir antes que tú" tan felizmente. Era un poco como Peter Pan, hasta el punto de llamar a una de mis mejores amigas, que es profesora, y decirle: "Estoy muy preocupada. Está repitiendo que va a morirse antes que yo". Y ella me contestó: "Seguramente haya visto o leído algo". Porque todo eso pasó antes de que le diagnosticaran el cáncer.

»Cuando se lo diagnosticaron era muy pequeño; le gustaba Bob Esponja. Recuerdo que unos meses antes de que se lo detectaran se vistió de Bob Esponja con su amigo para Halloween. Nunca intentó ser guay. No necesitaba vestirse de demonio. Fue Bob Esponja y pasó por las casas gritando: "¡Bob Esponja!". Se inventó un mundo imaginario de dibujos animados. Tenía un sentido del humor estrafalario y solía mantenernos unidos y con los pies en la tierra».

Amelia recuerda la sucesión exacta de eventos cuando le diagnosticaron el cáncer. Se había divorciado del padre de Tom, Chris, y se había vuelto a casar con un médico. «Habían estado pasando el fin de semana de Pascua con su padre y después Tom y sus hermanas, Anna e Izzy, regresaron el lunes de Pascua. Su hermana Izzy vino directa a mí y me dijo: "Tom tiene un bulto en la tripa. Le hemos estado dando mucha fruta, pero sigue ahí". Recuerdo que estábamos todos en el jardín y que hacía sol. Así que le dije al que ahora es mi marido, el padrastro de Tom: "Dicen que Tom tiene un bulto, ve y pálpale". Él respondió: "Es raro". Le dio algo de dinero a mi hija mayor, Anna, y le pidió: "Ve a Waitrose y compra tantos laxantes como puedas, porque es raro. Tiene un bulto. Compra todos los laxantes que puedas".

»Le llenamos de laxante, pero nada. Mi marido dijo: "Creo que puede ser un linfoma". Ni siquiera sabía lo que era un linfoma». Amelia llevó a Tom al médico. «Ese fue uno de los peores momentos. Estaba tumbado en la cama y el doctor, al que apenas conocía de vista, me miró con cara de "No pinta bien". Vi pena en sus ojos y a mí cuesta digerir la pena. Fue la primera vez que pensé: "Se va a morir"».

Tom necesitaba que lo viesen en un hospital más grande. El médico preguntó: "¿Quieren que lo lleve en una ambulancia?". Amelia decidió llevarlo ella en coche. «En el coche pensé: "Voy a recordar este viaje toda la vida". Cuando llegamos había una máquina expendedora de dulces. Jamás les dejaba a los niños comer chuches un lunes, pero Tom preguntó: "¿Puedo comprar dulces de la máquina?". Yo le dije: "Compra los que quieras". Y me contestó: "¡Qué guay! ¡Es el mejor día de mi vida!"».

El marido de Amelia llegó y le dijo que llamase al padre de Tom «ya». «"¿En serio? ¿Que llame a Chris?". Y él insistió: "Sí, llama a Chris ya". Así que lo llamé y vino corriendo. Todos entramos por la parte delantera del hospital y de repente llegamos a unas habitaciones cada vez más blancas, limpias, vacías y que hacían eco. Era una parte del hospital donde no había estado nunca. En un pequeño cubículo blanco había un médico aterrador mirándonos a Tom, a Chris y a mí y diciéndonos que necesitaban transferirlo a Addenbrooke, un hospital más grande y especializado en Cambridge. Nos llevaron en ambulancia al día siguiente. A Tom le encantó la ambulancia, estuvo charlando con el conductor y pusieron las luces azules. Le encantaban los coches y los vehículos, ese tipo de cosas.

»En el centro de día de oncología pediátrica vi a un montón de médicos juntos frente a una pantalla pequeña. Estaban observando y señalándole cosas a Chris, diciendo: "Tiene un tumor grandísimo en el abdomen". Chris y yo nos mantuvimos tranquilos por Tom, pero recuerdo ir al garaje para llevarle a mi hijo unas revistas del coche, meterme en el asiento del conductor y quedarme allí sentada chillando y llorando. Entonces le hicieron una biopsia».

Al principio le diagnosticaron un rabdomiosarcoma, que tiene un 70 por ciento de posibilidad de supervivencia. «Pensé: "Ah, 70 por ciento, está bien". Entonces volvimos a casa y le hicieron más pruebas. La oncóloga nos llamó y nos dijo: "Lo hemos diagnosticado mal, es otra cosa. Quiero que vengáis mañana. No os voy a decir lo que es por teléfono porque lo buscaréis en Google". Y respondí: "No, quiero que me lo diga ya". Ella contestó: "Es DSRCT". Y mientras yo lo repetía, Anna, mi hija mayor, lo buscó en su teléfono y me dijo: "Mira". Juntas descubrimos sentadas en el coche con el semáforo en rojo que la tasa de mortalidad del DSRCT era muy alta. Que se iba a morir».

Tom empezó su primera ronda de quimioterapia. «Llenaron su cuerpecito de veneno. A su lado en la pared solían colgarle unas bolsas en las que se leía TÓXICO bien grande y con letras rojas. Le dieron cosas horribles durante cinco días sin descanso. Le inyectaron fluidos y se le cayó el pelo. Y después le pusieron una sonda nasogástrica porque no comía, porque nunca dejaba de estar enfermo». Aquello se cargó su sistema inmunitario y quedó en riesgo de contraer cualquier cosa. «Pasamos algunos días fuera. Fuimos a ver la Torre de Londres con mi hermana, Sharman, y el hermano menor de Tom, Jakey, y supe que enfermaría. Fue como en la pandemia. El mismo tipo de sensación de que había virus por todos lados. Al volver en tren le subió la temperatura y eso significaba que teníamos que irnos directos al hospital para que le administraran antibióticos por vía intravenosa.

»Al principio Tom odiaba el hospital. Odiaba las inyecciones. Estaba enfadado con todo. Todos deseábamos estar enfermos en vez de él.

»Cuando los médicos en Reino Unido dijeron que se les habían acabado las opciones y que no iban a operarlo para extirparle la masa porque no respondía a la quimioterapia, Amelia preguntó: "Si ya no hay más tratamientos, ¿entonces qué va a pasar?". Ellos respondieron: "Morirá en unos tres meses. Sufrirá insuficiencia renal o cardiaca". Yo respondí: "Mi hermana mayor, Fleur, y su marido, Len, viven en Estados Unidos y han encontrado a unos médicos allí que quizá puedan ayudarnos". La oncóloga nos contestó: "No vayáis. Os cobrarán cantidades ingentes de dinero y no van a poder hacer nada, y encima estaréis lejos de casa si muere allí". Esa tarde tuvimos una videollamada por Skype con un cirujano y oncólogo del Memorial Sloan Kettering Cancer Center. Fueron muy amables. Nos dijeron: "Vuestros médicos allí no se han equivocado, pero si queréis, lo intentamos. Operaremos, pero no os prometemos nada. Todo lo que os han dicho en Inglaterra es verdad. Son buena gente".

»En Inglaterra. Nuestra oncóloga siguió intentando disuadirnos, pero le dijimos: "No estaremos mal en Estados Unidos porque mi hermana vive allí y lo pasaremos bien". Y así fue. A Tom le encantó Nueva York y estar con sus tíos. Le encantaron los sitios y Central Park, y le gustaron mucho los sitios de comida preparada, todo tipo de hamburguesas y pretzels gigantes. Le encantó el arte y el MoMA. Adoró Nueva York en sí».

La operación duró ocho horas. El cirujano vino y le dijo a Amelia: «Ha sido un buen día. Lo hemos extirpado todo». «Me eché a llorar y lo abracé, y él me dijo: "No, es el de arriba". Y señaló a Dios. Era muy religioso. Añadió: "No me des las gracias a mí, dáselas a Él". Fue un hombre muy amable».

Tom se recuperó en casa de sus tíos. «Vio muchas películas no aptas para menores, porque pensé: "Total...". Y también dejé que jugara a juegos como Call of Duty. Mi hijo menor, Jakey, aún dice: "Dejabas a Tom jugar a Call of Duty cuando tenía diez años". Y yo siempre le respondo: "Sí, porque se estaba muriendo". Iba a dejarle hacer lo que le diera la gana, la verdad».

Tom siguió con la quimioterapia en Inglaterra y Amelia recuerda que «creció muy deprisa. Tenía muchas ganas de vivir. Aprendió a volar e iba a la escuela siempre que podía porque adoraba a sus amigos. Incluso participó en una obra de teatro. Fue a festivales de música, ¡y logró bailar con su grupo favorito! Se volvió muy inteligente. Recuerdo volver de Londres de uno de nuestros viajes de quimioterapia y Tom me dijo: "Mamá, me encanta dormir y la muerte es como dormir, así que no tengo miedo, solo me preocupa lo triste que te pondrás". Solo tenía trece años».

La familia viajó a Nueva York dos veces más. Durante una, «le pusieron anticuerpos monoclonales en la tripa. Estaban impregnados en material radioactivo para intentar matar el cáncer. El verano de 2014 Tom tuvo su última operación y el cirujano y los oncólogos nos explicaron que el cáncer había vuelto, que estaba por todo su abdomen, su hígado y su pecho y que no se podía hacer otra cosa salvo dejarlo morir. El cáncer seguiría extendiéndose y finalmente lo mataría en cuestión de meses».

Amelia recuerda intentar explicárselo a Tom mientras estaban sentados en un McDonald's en Nueva York. «Preguntó qué debía decirles a sus amigos del colegio cuando volviese a Reino Unido. Miré su preciosa cara con el pelo rubio que estaba volviendo a salirle y respondí: "Bueno, pues que te han vuelto a operar y que esta vez no han podido quitártelo, así que no habrá más tratamiento"».

Tom preguntó si le darían más quimioterapia y después que cuánto tiempo le quedaba. «Cuesta decirlo; no nos han dado una cifra», respondió Amelia. «¿Cuánto tiempo?». «No lo sé, Tom, pero probablemente menos de un año». Amelia recuerda que Tom palideció. «"¿Meses?". Y entonces salió corriendo del McDonald's a las calles oscuras de Nueva York. Era tarde, sobre las nueve o las diez de la noche, y mientras corría tras él recuerdo pensar: "Es bastante peligroso estar en Nueva York por la noche". Y luego pensé: "¿Algo más?" Porque ya habíamos tenido bastante».

De vuelta en Inglaterra, «seguimos haciendo cosas. Tom quería irse de viaje, así que fuimos a Portugal y pasamos unas vacaciones junto al mar. Los médicos dijeron que estábamos locos, pero Tom no iba a tener otra oportunidad. El fin de semana previo a que muriese fuimos al hotel Savoy y a ver una obra de teatro con mi familia. Esa fue la última vez que habló de forma lúcida. Volvimos de la obra de teatro y mi hermana había hablado con el hotel para que nos trajesen una bandeja enorme llena de macarons y pastelitos, porque a Tom le encantaban los pasteles y los macarons. Y dijo: "Vaya, mirad, es increíble. Mirad qué bonito, aunque no son tan bonitos como los de Anna". (¡Su hermana es una gran pastelera!). Habló por primera vez en días. Tenía tanta morfina, tantos calmantes y parches para el dolor en el cuerpo que realmente ya casi ni hablaba.

»Entonces cerró los ojos y dijo: "Cuando cierro los ojos, voy a un mundo distinto. ¿Hago ruido? ¿Hago ruido cuando estoy en ese otro mundo?". Y yo contesté: "No, no lo haces". Y él cerró los ojos, los volvió a abrir y añadió: "Acabo de estar ahí, mamá. ¿He hecho ruido? ¿Doy vergüenza?". Y yo respondí: "No. ¿Qué ves?".

»Él me lo explicó y me dijo: "Estaba en el borde de un campo viendo a Jakey y a uno de mis amigos. Estaban en mi tractor azul jugando y se estaban riendo y yo los veía desde el lado. Los estaba saludando con la mano".

»Esa noche en el hotel, Tom se cayó y cuando volvimos a casa ya no podía andar. Se quedó en la habitación de abajo. Todavía me siento mal porque no recuerdo lo último que le dije cuando estaba despierto, pero sí que recuerdo que me llamó llorando por la noche, fui hasta él y le pregunté "¿Qué quieres? ¿Qué quieres?", y lo abracé. Recuerdo que me dijo: "Me está costando". Y creo que esas fueron sus últimas palabras. "Me está costando, mamá".

»No recuerdo lo que le contesté. No sé si le dije "Te quiero". Estaba tan cansada. Pasaron días hasta que cambió su forma de respirar y nos dimos cuenta de que moriría pronto. Había hablado con las enfermeras porque quería que muriese en casa y llamamos al padre de Tom, a mis hermanas y a sus hermanastras. La casa estaba abarrotada, teníamos a parientes durmiendo en sofás y en todos sitios. Habíamos encendido todas las luces. Parecía una casa muy animada, la verdad. Tom estaba durmiendo en su cama de hospital y yo me había acurrucado a su lado. Tenía un tumor enorme. Parecía como si estuviera embarazado. El tumor presionaba contra sus venas, que se le podían ver como un puzle rojo en la barriga. Tenía la cara muy delgada y algo de pelo. Le había crecido porque había parado con la quimioterapia. Debí de despertarme a las seis de la mañana.

Me despertaba continuamente para comprobar si seguía respirando. Tenía la cabeza a su lado para escucharlo respirar y cerré los ojos».

Amelia respira hondo y recuerda lo que pasó a continuación. «Si cierras los ojos e intentas imaginar algo, tienes que esforzarte y usar parte de tu cerebro. En ese momento casi puedes sentir cómo tu cabeza se pone a trabajar, pero esta experiencia no fue así. Cerré los ojos y fue como si al mismo tiempo alguien hubiese empezado a reproducir un vídeo. No lo pedí ni lo esperaba. La verdad es que no estaba pensando en nada espiritual. No estaba rezando ni nada. Estaba totalmente concentrada en la respiración de Tom y la imagen apareció sin más. Mi cerebro no pensó: "Vaya, qué raro". Como soy abogada, soy muy sensata y racional, mi cerebro no computa ese tipo de cosas, está muy metido en la lógica. Pero vi todo como si fuera una película y no me pregunté qué hacía esa película en mi cerebro».

Lo que Amelia vio «fue a una mujer caminando en dirección a lo que creía que era yo. No creí que viniera hacia Tom porque acababa de aparecer. La observé y pensé: "Es una mujer joven y preciosa. Qué guapa es". Y también pensé: "Debo recordar esto. Debo recordar que es preciosa". Tenía el rostro en forma de corazón pálido, una barbilla puntiaguda y los pómulos pronunciados. No la reconocí. Llevaba el pelo largo y oscuro como lo llevaban las mujeres en los setenta, como Joni Mitchell. Y siempre omito esta parte porque la gente se pensará que estoy loca, pero llevaba una bata. Una bata de color blanco. Creo que llevaba algo en la mano.

»Lo que más recuerdo pensar fue: "Madre mía, tiene prisa por ir a algún lado. Va derecha y decidida". Y también pensé "No va tarde", como cuando a veces voy apurada y sin aire a una reunión. Su mirada solo decía: "Debo estar allí a tal hora". Caminaba deprisa, con determinación. Parecía solemne, fuerte y sabia.

»Entonces miré hacia donde estaba caminando y era un túnel. Me costó mucho distinguir ese túnel porque estaba oscuro, pero una luz brillaba a través de él. Miré a las paredes del túnel y no eran de ladrillo ni cemento. Parecía aire, pero era sólido. La única forma que tengo de compararlo es con una nube. Las nubes oscuras de tormenta parecen sólidas, aunque el sol se puede atisbar detrás de ellas tratando de abrirse paso. Era como esa clase de sol invernal que intenta atravesar las nubes y, cuando por fin lo hace, sabes que ya no va a llover más. Eso parecía.

»Ahora que he leído muchos libros sobre la muerte, sé que todo el mundo habla de túneles. Pero por aquel entonces yo no había leído ninguno de esos libros. Solo leía libros normales. Y recuerdo ver el túnel y por el rabillo del ojo, una luz blanca e intensa. Supe que la luz blanca era muy buena. Sabía que todo iba bien debido a esa luz blanca e intensa. La mujer preciosa se nos estaba acercando cada vez más. Y creo que entonces abrí los ojos y todo desapareció.

»Lo único que pensé en ese momento fue: "¿Tom sigue vivo?". ¿Qué hacía cerrando los ojos? Tom seguía respirando. Recuerdo que en sus últimos momentos respiraba muy muy suavemente. Mi corazón decía: "Otra respiración. Otra respiración". Pero entonces oí un pequeño gorjeo y luego silencio.

»Y esa es la muerte. Me parece tan raro que sea así. Sigo sin asimilarlo. Pero así es. Es muy extraño, dejas de respirar y ya está. Pero tu cuerpo sigue ahí. Él seguía caliente.

»Para mí, en ese momento él seguía ahí. No podía moverme, solo lo abrazaba. Sí que sentí el aire más denso, con cierta anticipación. Parecía elástico, diferente. No me podía mover. Estaba muy tranquila. Entonces, mi hermana Sharman abrió la puerta. Ella y Tom siempre habían bromeado que eran almas gemelas. Más tarde me dijo que sintió como si hubiese entrado en un teatro y Tom estuviera a punto de decir las frases que le correspondían en una obra y que yo, entusiasmada por la anticipación, estaba haciéndole gestos para que no lo interrumpiera.

»Vio a Tom radiante, de pie, con las mejillas sonrosadas, el pelo fuerte y rubio y mirando con sus ojos azules más allá de donde ella se encontraba sentada, como una flecha lista para volar».

Sharman, que había estudiado psicología, describió la experiencia diciendo: «Me pareció normal y en ese momento no reaccioné, pero ahora que echo la vista atrás sé que no lo es. Viví una disonancia cognitiva al ver a Tom de pie, pese a saber que estaba postrado y había fallecido. Tom parecía sano, tenía una mata de pelo espesa y la mirada brillante y estaba observando algo con determinación a lo lejos, como si fuese una aventura».

Similar a las experiencias de Liz H. y Michelle J. con la pérdida de sus hijos, descritas en capítulos anteriores de este libro, Amelia también percibe lo que cree que es la presencia de Tom después de su muerte. Amelia recuerda sentarse con su marido en el sofá de su casa la noche previa al funeral de Tom. De repente y de la nada, su marido dijo: «Deja de patear el sofá, Amelia. ¿Por qué estás venga a darle golpes?». Amelia se quedó confundida y un tanto sorprendida. «Le dije: "No soy yo". Pero insistió: "Lo has vuelto a hacer. ¿Por qué no dejas de darle patadas?". Y volví a decirle: "Que yo no lo he hecho". No pude sentirlo. No pude sentir nada, pero él insistía: "No haces más que golpearlo. Justo debajo de mí. Estás dándole patadas el sofá"». Los golpes ocurrieron «justo cuando Izzy estaba diciendo: "Debería haber hecho más por Tom. Debería haber hecho esto. Debería haber hecho lo otro"». Y Amelia añade: «Incluso mi marido, que es escéptico, dice que es muy raro».

La noche después del funeral Amelia recuerda levantarse de la cama para ir a por un vaso de agua. «Mientras me lo estaba echando, las luces del techo de la cocina se encendían y se apagaban una y otra vez. Despacio, no como destellos. Nunca lo habían hecho. Empezó a pasar mucho durante los siguientes meses, hasta que mi marido se hartó. Llamó a un electricista y él le dijo que no les pasaba nada raro. Pero también sucedía cuando mi sobrina estaba allí. Se encendían y se apagaban.

»Al final fui a ver a una vidente que no vive cerca de aquí y me dijo: "Tu hijo ha muerto". En mitad de lo que estaba explicándome, añadió: "Está jugando con las luces y es para decirte que está ahí, que no te preocupes"».

Amelia tuvo otra experiencia intensa con Tom más de tres años después de su muerte. La describe como un «sueño increíblemente vívido. Y estoy segura de que era Tom apareciéndoseme». En su sueño, estaba en un jardín parecido al de la casa donde ella nació y a la que Tom le encantaba ir. «Estaba sacando la basura y vi a un joven en la cima de una colina dándome la espalda con la misma chaqueta azul que Tom siempre llevaba. Pensé: "Es Tom". Y entonces una voz me dijo: "No digas tonterías, Tom está muerto". Yo insistí: "No, ese es Tom. El de la colina es Tom". Y él respondió: "No, no puede ser Tom". Entonces pensé: "Voy a comprobarlo, no tengo nada que perder".

»En ese sueño recuerdo pensar, como me pasó con la mujer en el túnel: "Tengo que acordarme de esto. Es muy importante". Así que parecía como si hubiera tres yos en el sueño. La que actuaba, la que se repetía "Es una tontería", y la otra que se decía "Recuérdalo. Es muy importante". Entonces subí la colina corriendo. No estoy en forma, así que recuerdo llegar asfixiada. El chico no se dio la vuelta, así que lo abracé por la espalda y pensé: "Si no es Tom me va a dar mucha vergüenza, pero me da igual, y si lo es, necesito abrazarlo". Porque eso es lo que echo de menos. Un abrazo. Así que lo envolví en un abrazo y él no se esfumó. Se dio la vuelta y era Tom. Era un Tom mayor. Parecía tener unos diecisiete años, la edad que habría tenido cuando lo soñé. Era más alto que yo y seguía teniendo los ojos azules. Pero uno de ellos estaba más claro que el otro. Había un blanco pálido en el centro. Y el otro era azul.

»Puso sus brazos en torno a mí y recuerdo pensar: "Tengo que decir algo". Simplemente pregunté: "¿Estás bien?". Recuerdo mirarlo a la cara, él me miró desde arriba y respondió: "¿Y tú, estás bien?". Fue como si me estuviese diciendo: "No tienes que preocuparte por mí. Sino por ti. ¿Qué estás haciendo?". Porque me había quedado hecha polvo, triste, y no salía mucho. Él había seguido con su vida».

Amelia dice que «por aquel entonces no sabía nada de las experiencias de muerte compartidas», pero que desde entones se ha «documentado mucho» y que cree que lo que vivió fue una EMC. Su hermana, Sharman, que entró en la habitación cuando Tom falleció, está igual de segura que ella. «Nadie va a convencerme de que estas experiencias no pasaron o de que fueron alucinaciones». Amelia dice que se debatió si contarlo en el funeral de Tom con su familia y amigos pero que decidió no hacerlo porque le preocupaba que la gente malentendiera lo que estaba diciendo y porque no quería tener que defenderse ni defender la verdad de lo que había sucedido.

Meditando sobre cómo la EMC la ha cambiado, Amelia comenta: «Ya no puedo charlar sin más». También cree firmemente que «el alma de Tom ha seguido su camino. Creo que todos somos un alma consciente, que es eterna y que está encerrada en nuestros cuerpos mortales en la Tierra por una razón. Creo que nuestra alma es parte de un amor profundo y eterno, omnisciente y afectuoso, del que provenimos y al que regresaremos». Y esa comprensión, al igual que en otras experiencias de muerte compartidas, «me ha ayudado con mi duelo».

Los momentos compartidos de Amelia y Sharman se pueden comparar en parte a los de Leslie y Sarah y han supuesto que tengan una certeza mayor sobre la experiencia que vivieron. A pesar de las diferencias en lo que percibieron, ambas quedaron convencidas de su «veracidad», tal y como lo expresa Amelia, o de la verdad de la experiencia. Es común para muchas de las personas que han vivido una EMC, al igual que la reticencia a hablar de lo sucedido fuera de su círculo íntimo.

Hay otro componente importante en el relato de Amelia, que se mencionó también en el de Ida N. al describir la muerte de su madre, y en forma de una figura sin género en el de Stephanie L.: la aparición de una mujer desconocida y preciosa que parece tener prisa y está decidida a hacer su trabajo. Esta guía al más allá aparece con la suficiente frecuencia como para identificar su presencia con un nombre: el conductor. (Su papel y preponderancia se describirán más en profundidad en el capítulo 13). Aunque no todos informan de la presencia de un conductor, sucede con la suficiente asiduidad como para preguntar si esa presencia es una parte central a la hora de guiar al fallecido fuera de este mundo físico.

Hasta ahora, hemos explorado una amplia gama de momentos y fenómenos de las EMC. Sin embargo, a pesar del amplio rango, estas experiencias comparten muchos elementos comunes: producir una profunda tranquilidad en torno a la muerte; transmitirse a través de una experiencia intensa y abrumadora, física o visual en la que el ser querido se marcha; o recibir de forma remota algún tipo de mensaje físico o visual de ellos en torno a la hora del fallecimiento. A pesar de las diferencias en las historias y las circunstancias, como investigador no puedo evitar interesarme por los patrones y elementos comunes en ellas, al igual que el profundo impacto que supone en el duelo de las personas que las viven.

Ahora describiremos dos historias más, la de Alice W., cuyo marido se enfrentó a un diagnóstico de cáncer terminal, y la de Karen K., que se casó a sabiendas de que su marido tenía una enfermedad terminal. Estos casos nos piden reflexionar sobre cómo podemos prepararnos para la muerte durante la vida y qué impacto tiene esa información en la EMC. Después de analizar esas historias, nos centraremos en una discusión más profunda sobre lo que significan las EMC, por qué hay gente que se opone a su existencia y cómo la EMC puede conseguir que nos replanteemos nuestra perspectiva sobre la vida, la muerte y el duelo.

11

PREPARARSE PARA LA MUERTE

Los votos matrimoniales repiten alguna variación de la frase «Hasta que la muerte nos separe», pero ese final rara vez pasa por la mente de una pareja recién casada, si es que pasa siquiera. Ese fue el caso de Alice W., que nació en Atlanta y se mudó a Francia para estudiar y luego se quedó para trabajar. «Conocí a mi marido en un lugar muy pijo en París llamado Racing Club, adonde ninguno de los dos habíamos ido nunca, ni antes ni después. Fue una coincidencia. Había otros norteamericanos allí y era una noche importante. Yo llegué muy tarde porque mi taxi se había perdido. Llegué casi para el postre y en mi mesa asignada ya no había sitio. Alguien de la mesa de al lado dijo: "Oh, ven, siéntate con nosotros". Y así fue como nos conocimos».

Gert tenía cuarenta años y Alice, cuarenta y cuatro. «Soy una persona muy pasional, profesora de literatura en la universidad y escritora, y él era un tipo muy sensato. Trabajó en un banco en Austria hasta que decidió cambiar y dedicarse a la diplomacia internacional. Éramos polos opuestos, pero a la vez nos complementábamos. Él me ayudaba a mantener los pies en la tierra; era una roca en la que podía apoyarme cuando lo necesitaba».

Alice se ríe y añade: «No me dijo que en nuestro contrato matrimonial estaba escrito en una letra muy elegante: "Tienes que saber esquiar". Al haber crecido en el sur de Estados Unidos, jamás había esquiado. Quise hacerlo en las pistas más fáciles y él me llevó a las difíciles. Lo que quería era intentar que me sentara sobre él y que nos deslizáramos así. Al parecer, le había funcionado para coquetear con otras mujeres en el pasado. Pero yo estaba tan cabreada que bajé la pista yo sola. Así era nuestra relación: deportiva, intelectual.

»Me enfadaba mucho con él porque nunca parecía tener tiempo para mí. Le apasionaba su trabajo. Lo llamaba Napoleón porque solo dormía cuatro o cinco horas, lo cual no era bueno para su salud, eso seguro. Y entonces la última broma que me gastó fue dejarme sola aquí en la tierra. Así que ahora desearía no haberme quejado tanto de que siempre estuviese trabajando».

Alice explica: «Yo era a la que le daban migrañas y la que siempre estaba cansada de ir y venir al trabajo. Siento que la que tendría que haber muerto era yo. Yo era la frágil y no mi marido. Él nunca se ponía malo. Y entonces le diagnosticaron cáncer de próstata en estadio IV. Tenía cincuenta y dos años. En ese momento a mí casi me dio un ataque de nervios, pero así soy yo; todo me afecta mucho. Empecé a usar el "nosotros", como si realmente los dos estuviéramos enfermos. Quería que supiera que éramos un equipo». Gert no quería someterse a una operación ni a quimioterapia. En cambio, optó por una terapia hormonal. «Su decisión fue no someterse a nada invasivo. Durante tres años vivió muy bien con la terapia hormonal, o al menos bien dentro de las posibilidades.

»Y ¿cómo llevó él su enfermedad? Probablemente fuese el mejor paciente con el que un médico podía soñar. Trabajaba para una organización internacional como macroeconomista, así que se organizaba extremadamente bien. Tenía duplicados de todo. Todo estaba documentado. Cuando fue a la consulta médica, tenía más información que el mismo doctor. Completó todas las piezas del puzle. Nunca se quejó. Y quizá esa fuera una razón por la que no me creía que fuese a morir. Tuvo una sonrisa en la cara hasta el final. Todos lo adoraban. Era una persona muy amable. Un tipo muy fácil de tratar, muy buen samaritano. Siempre evitaba los conflictos».

Pero Gert no modificó su comportamiento. Era como si no quisiera reconocer que tenía una enfermedad. Alice recuerda: «Estaba estupefacta por el hecho de que no cambió ni un ápice su estilo de vida, como yo creía que debería haber hecho, al menos en términos de dieta y cosas así. Y empezó a matarse a trabajar. Al final, deseó no haberlo hecho. Cuando pasaron cuatro años, los síntomas empezaron a tener muy mala pinta y los médicos no parecían tener ninguna solución para él. Estuvimos como en un barco a la deriva en el océano durante los meses de mayo, junio, julio y agosto, los últimos cuatro meses, entrando y saliendo del hospital. Siempre se quedarán grabados en mi corazón como una tragedia. A esas alturas, el cáncer había devorado el cuerpo de mi marido. Tenía las piernas paralizadas. Me dijo que no quería seguir viviendo si aquello continuaba. Tenía tanta morfina en el cuerpo que evitaba que sufriera mucho dolor. Lo más importante era que no sintiese dolor. También le hice reflexología y, por algún motivo, le funcionó. En mi mente, no podía aceptar el hecho de que se iba a morir». Añade: «Incluso cuando era perfectamente evidente, le dije que un milagro sucedería. Estaba segura de que un milagro ocurriría».

Alice estaba constantemente en el hospital. Cuando se marchó a casa para dormir, «mi nombre estaba escrito en letras bien grandes, "Señora W.", con mi número de teléfono. Todos me conocían y les dije: "Por favor, llamadme cuando sea. A la hora que sea, y ahí estaré"». Durante la noche del 26 de agosto, Alice recuerda dormir muy bien. «Pero siempre tenía el teléfono conmigo. Es un iPhone. Siempre lo tengo encendido y siempre lo compruebo. Fue esa noche. A las nueve de la mañana del día siguiente, estaba a punto de subirme al ascensor cuando recibí una llamada del médico jefe de paliativos y me dijo que mi marido había fallecido entre las tres y las seis de la madrugada.

»Y le dije: "¿Cómo es posible? Prometisteis llamarme". Él me respondió: "Y la llamamos, las enfermeras la llamaron, todos intentaron ponerse en contacto con usted". Me apresuré a llegar a la habitación de mi marido. Estaba preciosa, con una vela y algunas flores. Y también en silencio. Miré el rostro de mi marido y parecía casi como si estuviera sonriendo. Su sonrisa era preciosa y de absoluta paz. Traté de hablar con las enfermeras, averiguar por qué no me habían llamado, porque no tenía ninguna llamada perdida en mi teléfono. Conseguí una cita para una semana después.

»Una semana después, me di cuenta de que había vivido una experiencia extraña mientras estaba durmiendo en la cama. Pero primero voy a contarte la conversación que tuve con su enfermera. Le dije: "¿Por qué no me llamó?". Ella me respondió: "La llamé un montón de veces. No entiendo por qué no respondió. Incluso traté de llamar a otras personas y todas respondieron, pero usted no". Entonces le dije: "Bueno, eso es imposible, porque yo siempre tengo el sueño muy ligero. Sobre todo, en esta situación. Siempre oigo el teléfono". La puse en su sitio, pero ahora creo que me estaba diciendo la verdad. No tenía ningún motivo para no hacerlo». En cambio, Alice concluyó que las llamadas de las enfermeras nunca le llegaron.

«Y ahora voy a contarte la razón por la que no contesté al teléfono: porque mi alma había abandonado mi cuerpo. Mi alma estaba con mi marido y estoy totalmente convencida de ello. No tengo pruebas científicas, pero para mí es más que evidente. Me vi detrás de mi marido, que había empezado a ascender hacia el cielo azul. Y tuve una sensación de absoluta dicha. Era perfecta, una paz perfecta, casi como la que vi en su rostro cuando entré en su habitación aquella mañana. Durante esta experiencia, no pude verle bien la cara. Fue como si no lo estuviera viendo físicamente, pero lo estaba siguiendo a la esfera celestial, a la luz azul y las nubes blancas. No sé lo alto que estaba, pero estuve ahí con él y continué siguiéndolo y siguiéndolo. Entonces, llegados a un punto, tomé la decisión de volver. Estoy segura de que en realidad no me quedaba más remedio; creo que tenía que hacerlo. Si no, habría tenido que morir. Era consciente de que, si continuaba avanzando con él, sería mi final. No tenía miedo, solo dije: "No creo que por el momento pueda ir más allá". Entonces di la vuelta y fue como si pudiera ver la tierra desde cientos de miles de kilómetros desde donde estaba. Si alguna vez has estudiado a los "Old Masters", el Bosco, o Brueghel en el Renacimiento, pintaron todo tipo de cosas extrañas y horribles sobre la tierra. Me giré y vi la tierra como nunca la había visto. Vi traición y perfidia; era casi como si estuviera mirando al infierno, aunque en ese momento no lo pensé así».

Alice describe la experiencia como incorpórea. «Estábamos en el hogar del alma. Mi "yo" realmente no existía. Podría tener un paralelismo con lo que sentirías cuando estás en un trance y sales de tu cuerpo o dejas de sentir la silla debajo de ti. Pero fue más intenso; sentí una felicidad absolutamente perfecta y plena, algo que nunca había sentido antes y que no he vuelto a sentir desde entonces. Estaba allí con mi marido, mi amado esposo, que ya no estaba enfermo y estaba a punto de entrar en otra esfera».

Añade: «No puedo demostrarlo. No quiero demostrarlo. Pero la franja temporal se corresponde a cuando estaba dormida. Muchas de estas preguntas científicas resultarán imposibles de responder, porque lo que viví no es científico. Para mí era obvio que se trataba de mi marido. Falleció en esa franja horaria y yo estuve con él. No me dio su carné de identidad, ni me dijo: "Llévate esto de vuelta a casa", ni tampoco se cortó un mechón de pelo, ni me desperté con dicho mechón en la mano. No hay ninguna prueba empírica de lo ocurrido. Ni siquiera podría decirte si duró medio segundo o tres horas; no tengo ni idea».

Alice dice: «Se lo conté a la gente, pero si te soy sincera, creo que se pensaron que me había vuelto loca. En un primer momento no me di cuenta, pero luego dejé de hablar de ello». El único que se mostró receptivo fue el sacerdote de Alice, el que los había casado y ahora había celebrado la misa funeral de Gert. «Para él fue natural. Y me lo explicó. Me dijo: "Por supuesto, es normal"».

Pese a que mucha gente rechazó su historia, Alice, no obstante, describe el efecto que tuvo esta EMC en su vida como verdaderamente transformador. «No sé si el cambio en mi forma de ver el mundo... cuánto de él se debe a haber perdido a mi marido, al duelo, y cuánto a la experiencia de muerte compartida, pero algo ha cambiado radicalmente en mi interior. Lo único que quiero hacer es intentar ser mejor persona, terminar de hacer lo que debo, hacer las cosas bien, como mi marido habría querido que las hiciera, e intentar ayudar a otra gente. Y el día que el Señor quiera llevarme, sentiré mucho alivio.

»Creo que mi marido está en el cielo. Creo que fui al cielo con él y luego regresé a la tierra. Y creo que el cielo existe. Antes no lo habría dicho. Mi marido era católico y eso hizo que me integrara en la iglesia católica, pero también soy muy escéptica. Vengo de una familia muy intelectual; empezamos como luteranos, mi padre se convirtió al judaísmo y mi madre acabó su doctorado en filosofía y dijo que era "panteísta", lo cual no significa que no pueda ser religiosa, pero creo que todos tenemos nuestra propia forma de expresar lo que es espiritual. Algunos usan términos religiosos. Es posible que yo lo haga, pero para serte completamente sincera, cada vez estoy más convencida de que es imposible explicar esas cosas. Y si pudiéramos, seríamos Dios, o como quieras llamar a quien sea que nos observe desde arriba».

Al igual que Alice, Karen K. creía que su marido nunca iba a morir. Cuando se conocieron, lo primero en lo que se fijó de Timothy fue su voz. Era músico y tenía «una voz increíblemente pura». Ambos habían crecido en ciudades de la costa este de Australia, ambos habían formado parte de grupos de juventud, ambos habían elegido la enseñanza como profesión y compartían muchos de los mismos recuerdos y valores. Ella recuerda: «Era pintor y músico, un tipo muy creativo. Y tenía actitudes muy irlandesas; no había nacido en Irlanda, pero la influencia de sus antepasados irlandeses se notaba en lo cálida, educada y acogedora que era su familia, algo muy presente también en la mía».

Timothy tenía veinticuatro años y Karen, veintidós cuando empezaron a salir. «Yo me pasaba mucho a verlo y él me llamaba y me dejaba cartas en el buzón. Empezamos a salir y un par de semanas después dijo que tenía "algo que decirme". Me dijo que había nacido con una enfermedad terminal. Por aquel entonces estaba completamente bien y me dijo: "Mira, lo único que podría conmigo seguramente sea un camión Mack". Y en muchos sentidos, era verdad. Fue un viaje interesante. Hubo muchas veces en las que estaba absolutamente enfermo y demacrado, pero luego nos reíamos del estado del mundo».

No obstante, al principio, ni Karen ni Timothy sospecharon nada de lo que estaría por venir. «Cuando lo conocí, estaba haciendo muchísimas cosas. Recuerdo pensar: "¿Cómo puedo estar con esta persona? Está demasiado ocupado. Tiene demasiados proyectos". No sabía si podía lidiar con ese nivel de intensidad. Pero entonces las cosas se ralentizaron cuando la enfermedad entró en juego y la situación tuvo que cambiar. Lo cierto es que puso nuestro mundo patas arriba.

»Estuve con él durante quince años y, en ese tiempo, se sometió a un trasplante doble de pulmón. Mucha gente que recibe un trasplante doble de pulmón solo llega a vivir cinco años, Timothy vivió diez. Lo que vivimos, el estar enfrentándonos a la muerte día sí y día también, nos pasó factura. Cuando eliges estar con alguien que sabes que va a morir, pero intelectualmente no eres capaz de comprender ni asimilar ese concepto… aunque al mismo tiempo, en lo más hondo de tu corazón sabes que va a pasar, es muy duro. Yo elegí quedarme con mi marido y amarlo. Si lo hubieses conocido, tú también lo habrías querido».

Karen describe a su marido como alguien que «nunca quería ofender ni incomodar a nadie». Recuerda que recibió la llamada para su trasplante un domingo, lo que facilitó su viaje al hospital, a kilómetros de distancia de Sídney. «Cuando sufres una enfermedad pulmonar, incluso levantarlo de la cama es toda una odisea cuando la persona se está ahogando. Y luego meterlo en el coche con la bombona de oxígeno». Cuando llegaron, «nos dio la bienvenida una mujer con el pelo rubio y rizado que parecía emocionadísima de vernos. Para mí esa sí que fue una experiencia espiritual, conocer a alguien que pudiera insuflarnos energía y positivismo en esos momentos.

»Las palabras que más usaba Timothy eran "Gracias"», apunta Karen. Cuando se despertó en la UCI después de la operación, «seguía con los ojos cerrados y no podía hablar, pero me agarró la mano y con un dedo escribió "gracias" muchas veces en mi palma antes de señalar a las enfermeras y los médicos que seguían trabajando junto a su cama de hospital». Tras la cirugía, la pareja recompuso su vida; Timothy siguió componiendo música y letras de canciones, y tuvieron un hijo. Tres meses después de que naciera su hija, le diagnosticaron cáncer, una posible consecuencia de las muchas medicaciones inmunosupresoras que necesitaba tomarse para evitar el rechazo de sus nuevos pulmones.

Lo que siguió fueron meses de hospitalizaciones y cirugías. «El nivel de sufrimiento que había soportado fue astronómico y devastador», dice Karen. «Creo que lo dio todo por su familia, incluso cuando para él a veces dar una mínima parte significaba un mundo, dada su enfermedad.

»Antes de someterse al trasplante de pulmón, su capacidad para respirar fue empeorando, pero fue un proceso lento a lo largo de muchos años. Este empeoramiento fue mucho más rápido. En cuestión de un año, la pérdida fue devastadora. Incluso moverlo para tumbarlo en la cama podía llevarnos cuarenta y cinco minutos. Terminó en una silla de ruedas porque no podía respirar y teníamos la bombona de oxígeno dando bandazos por casa». Karen se vio intentando dividir su energía entre Timothy y su hija. «El sufrimiento fue muy difícil para todos nosotros», dice, pero aun así «no me terminaba de creer que se estuviera muriendo, incluso durante los últimos días. Sí que dijo que su hermano estaba con él y su hermano había muerto hacía bastante tiempo. Dijo que veía un túnel, pero que no quería recorrerlo. Y también hablaba de su hermano, que le decía que todo iría bien».

Karen y Timothy regresaron al hospital y Karen dice: «Seguía pensando que ocurriría un milagro y que se pondría bien, porque ya habíamos tenido milagros antes. Recibió el trasplante de pulmón. Eso fue un milagro, así que esperaba que ocurriese otro. Mucha gente rezaba para ello y lo intentamos todo para salvarle la vida a Timothy.

»A las nueve de la noche todos los días, mucha gente rezaba y cantaba en sus casas por Timothy. Una noche en particular, un sábado, su madre, su hermana y yo estábamos allí en el hospital con él. Él no dejaba de guiñarme el ojo y decir: "Esa es mi preciosa esposa", y que nos quería. Cuando dieron las nueve, todos cerramos los ojos para rezar y Timothy cerró los suyos. Creo que fue entonces cuando entró en coma. Parecía dormido; su madre y su hermana se alegraban de que se lo viera tan tranquilo.

»Durante la noche, me di cuenta de que no estaba respirando bien». El médico le dijo a Karen que Timothy estaba inconsciente y que el final se acercaba. «Me dijo que Timothy podía oírlo todo, pero no responder. Desde ese momento hasta bien entrada la noche no dejé de hablar con él. Le dije lo mucho que lo quería y que nuestra hija y yo estaríamos bien, que me aseguraría de que nuestra hija conociera a su padre y que él era el amor de mi vida. También le prometí que volvería a visitar los lugares que a él le encantaban.

»Con la medicación inmunosupresora, siempre había que tener cuidado del sol, pero aquella tarde el sol estaba brillando en su rostro a través de la ventana y le dije que ya no tendría que preocuparse más por él. No tenía que preocuparse por hacerse más pruebas, ni por los hisopos, la medicación o el oxígeno. La espera para obtener más resultados había acabado.

»Por primera vez, mi hija y yo pudimos realmente acercarnos a él, abrazarlo y besarlo, algo que es imposible cuando la otra persona se está asfixiando por culpa de una enfermedad pulmonar. Cuando no puedes respirar, no puede haber nadie cerca de ti, porque te roban el aire y supone mucho esfuerzo.

»También bañamos a Timothy. Siempre le gustaba sentirse limpio y respetable, así que lo lavamos. Incluso le lavé los pies, que en la tradición católica tiene muchísimo significado y lo tuvo para mí. Su hermana y su madre estaban allí cuando lo bañamos, lo cual fue algo enorme, porque el hermano de Timothy había fallecido en un accidente de trabajo. No pudieron despedirse de él. Pero sí que pudieron decirle adiós a Timothy.

»Mientras estuvo en coma le dije que quería que abriera sus ojos una última vez para que supiera que podía oírme. Por increíble que parezca, durante el transcurso de las siguientes horas, empezó a abrir los ojos mientras le hablaba. Incluso intentó responderme, pero para aquel entonces ya no podía hablar». No obstante, Karen dice: «Sabía que vendría a verme.

»Cerré la puerta y supe que tenía que quedarme con él hasta su último aliento. Acerqué la silla a la cama y le agarré la mano. Le dije que eran las dos y cuarto de la madrugada y que ya no había nadie más allí, solo yo, y que no me iría a ningún sitio, que estaba allí y que podía apoyarse en mí. Le dije lo mucho que lo quería y que era la revelación de mi vida. Una de sus canciones se titulaba "Revelación". Le dije que nuestra hija estaría bien, que en ese momento estábamos bien, que mi madre y mi padre estaban con nuestra hija y que estaban cuidado de ella. Le canté los primeros versos de su canción.

»También le canté otras y su respiración cambió. Tres respiraciones irregulares, más bien roncas, hasta que insufló su último aliento. Dije en voz alta: "Ya está". No sé de dónde salieron esas palabras, pero no fueron mías. Su espíritu había abandonado su cuerpo, todo su ser se encontraba de pie, detrás de mi hombro derecho. Era casi como si ese lado de mi cabeza lo tuviera completamente activado. Como si una visión diferente me llegara a través de mi lado derecho. Como si una cámara de cine en mi cabeza me estuviese dando otro punto de vista. En esa visión vi la forma entera de Timothy. Estaba vivo, se movía, hacía volteretas, corría y gritaba por el pasillo del hospital; no en la habitación en la que estaba, si no en el pasillo. Lo vi correr de arriba abajo. Estaba totalmente eufórico.

»Lo vi más joven, como cuando lo conocí. Y estaba radiante. Su energía no tenía límites y estaba feliz y libre. Se acercó a mi cara y me enseñó la suya. Luego la pared del hospital... es difícil de describir, pero fue como si desapareciera.

»Debería haber habido otra habitación al lado de la suya, pero en cambio fue como si estuviéramos en el borde del edificio. Ahí fuera, aunque eran más de las dos de la mañana, el cielo estaba rosáceo y había una especie de nubes grises que aparecían en los tonos anaranjados y rosáceos del cielo. Parecía como si estuviese amaneciendo. Para mí fue algo precioso de presenciar. Entonces vi que el cuerpo de Timothy, al igual que cuando hace mucho calor, cambiaba y se fundía con aquella vista, con aquel cielo rosáceo. Desapareció en el cielo. Pude ver cómo salía y se alejaba de mí.

»No pronunció las palabras, pero comprendí que estaba yéndose a casa. En ese momento pensé que iba a ir a nuestra casa para ver a nuestra hija. Al día siguiente, cuando hablé con mi madre, me dijo que alrededor de esa hora, mi hija se despertó y tuvieron que volver a acostarla. Entonces supe con seguridad que había ido a verla.

»Cuando salió hacia aquel cielo no daba crédito. Estaba contentísima de que fuera libre. Después de tanto sufrimiento necesitaba cerciorarme de que estaba eufórico y lleno de luz. Llamé a las enfermeras con el timbre, supercontenta y emocionada. La enfermera vino y le dije lo feliz que estaba porque había podido estar con él durante su último aliento, tal y como él quería».

Karen continuó sintiendo la presencia de Timothy tanto en los días posteriores a su muerte como en otras ocasiones más lejanas. «Mi padre vino a recogerme al hospital. Estaba sentada en el coche, de camino a casa, y sentí que Timothy estaba conmigo ahí dentro… lo describiría como una bola de energía. Estaba intentando hacerme reír y yo le decía cosas como: "Estoy en el coche con mi padre y estás muerto, así que deja de hacerme reír". Al día siguiente recuerdo estar en el dormitorio y él se estaba moviendo a mi alrededor, con absoluto descaro, como siempre hacía. Siempre me chinchaba y me molestaba hasta hacerme reír. Y yo le dije: "Estás muerto. Se supone que debo estar triste. ¿Qué voy a hacer contigo?". Fue una experiencia muy alegre».

Pero esa no fue la única experiencia de Karen con la muerte aquel año. «Una semana después de que Timothy muriese, a mi padre le diagnosticaron un cáncer terminal y murió a los seis meses. A su hermano —mi padrino— también le diagnosticaron cáncer y murió poco después que mi padre.

Pasaron varios meses y mi abuelo murió. Debido a la enfermedad terminal de mi padre, mi madre no pudo estar ahí para apoyarme; tenía que centrar su atención en la salud de mi padre. Me quedé sola con mi hija y, por primera vez, me sentí completamente abandonada; no por culpa de nadie, pero así fue como me sentí. Con lo que me ayudó la EMC fue… que pude contarle a mi padre y a mi padrino lo que había sucedido. No sé exactamente si les sirvió o no, pero sentí la necesidad imperiosa de contárselo. Hace poco hablé con una amiga cuyo hijo había fallecido en un accidente un año antes que mi marido. Le conté mi EMC y fue un gran alivio para ella. Me describió cómo había visto la forma neblinosa de su pequeño. Es muy importante compartir esta experiencia con las personas adecuadas en el momento justo.

»El dolor y la pena han sido verdaderamente devastadores, pero siento que Timothy está conmigo cuando más feliz estoy. A veces voy a tocar a mi hija de cierta manera o le guiño un ojo, o hago cualquier cosa y pienso: "Vaya, es Timothy quien lo está haciendo", o incluso "Es mi padre el que lo ha hecho". Y lo sé al instante. Simplemente sé que están conmigo, que forman parte de mí; es algo que sé pero que no tiene explicación. Al menos así lo siento».

Karen dice que su EMC forma parte de la historia de amor que compartió con Timothy. «Siento que, de alguna forma, es mi trabajo compartir mi historia de amor, lo que la muerte, el morir y el duelo significan para la gente, pero también lo que significan para el más allá. ¿Hablamos de la muerte y de morirnos? No. ¿Cómo tratamos a las personas que han perdido a un ser querido? En la cultura occidental no lo hacemos bien. Aislamos a los afligidos, que se ven silenciados y marginados.

»Dos semanas antes de la muerte de Timothy empecé a creer que simplemente estamos muertos en vida, porque no podía permitirme creer en nada en ese momento. Pero ahora no me da miedo morir porque, bueno, ¿por qué habría de dármelo? Presencié algo precioso, fantástico e inspirador, no demoledor. Aunque solo fuese por un segundo, o si es para toda la eternidad, el espíritu de Timothy pudo recibir eso y a mí lo que viví me ha hecho cambiar de opinión con respecto a la muerte.

»No dejaba de pedir un milagro médico, que aparecieran dos nuevos pulmones, cualquier cosa. Pero no me di cuenta de que el milagro realmente estaba en su muerte y en que pudiera vivir la EMC. Ese fue el verdadero milagro».

Para cerrar el círculo, rememoremos las experiencias de Gail O. y Michelle J. del comienzo de este libro. Gail sintió que se transportaba desde fuera de la habitación de hospital de su padre, algo similar a cuando Karen se sintió transportada fuera de la de su marido. Y Michelle vio un cielo brillante después del fallecimiento de su hija, al igual que Karen. Aquí tenemos a tres personas que no se conocen y que no esperaban vivir una EMC, que no tenían las palabras ni un marco de referencia para describir o explicar un suceso así y, sin embargo, en un instante, sus vidas se vieron transformadas. No solo han vivido una profunda experiencia con su ser querido, sino que su propio duelo y pensamientos con respecto a la muerte también han cambiado.

Cuando empecé a investigar más y más casos a lo largo de los años, a oír sus historias, a ver y escuchar los patrones con sus propias palabras y sin que yo los hubiera sugestionado antes, la profundidad de lo que habían vivido y el impacto que había supuesto en ellos, supe que, tal y como Karen tan elocuentemente lo ha explicado, no podía permitir que aquellos que han perdido a un ser querido sigan «aislados, silenciados y marginados». Las EMC tienen que darse a conocer y convertirse en parte de nuestro entendimiento cultural sobre la muerte y la pérdida.

No obstante, esto plantea otras cuantas preguntas fascinantes: Sabemos que existen las EMC. Acabas de leer relatos diversos y poderosos en las páginas de este libro. Tienen un nombre. Entonces ¿por qué, dada la gran influencia en quien las ha vivido, no se han estudiado más? ¿Por qué no se las reconoce ni acepta ni se habla más de ellas? ¿Por qué muchos de los que han vivido una, como Alice, sienten la necesidad abrumadora de guardársela para sí? ¿Y cuándo va a cambiar eso?

Esos son los temas que trataremos a continuación.

12

CESAR EL SILENCIO EN TORNO A LAS EXPERIENCIAS DE MUERTE COMPARTIDAS

Lo que dicen las personas que han vivido una experiencia de muerte compartida:

«Al principio decía: "¿Me crees?"».

Sus siguientes pensamientos fueron: «Nadie me creería, y ni yo estaba segura de creérmelo».

«Me di cuenta de lo difícil que iba a ser contárselo a los demás. Iba más allá de las palabras».

«Mi marido, que llevamos juntos veinticinco años... [...], pero él no le dio ninguna importancia. Esto es algo que tengo que quedarme para mí».

Incluso cuando les contó un poco a sus hijos, la reacción fue que «todos me miraron y reaccionaron como si "Mamá no puede con esto, se ha vuelto loca"».

«Se lo conté a la gente, pero creo que se pensaban que me había vuelto loca, si te soy sincera».

En este libro has leído las experiencias de una amplia gama de personas: jóvenes, mayores, algunos con títulos académicos y otros con largas trayectorias profesionales. Algunos son padres; otros, educadores. Algunos han trabajado para el gobierno y otros han formado parte de grandes empresas. Algunos trabajan en sanidad. Una gran cantidad vienen de entornos científicos o tecnológicos. Muchos también se describen a sí mismos como escépticos. Pero tienen una cosa en común: han hablado sin reservas sobre sus experiencias profundamente transformadoras en torno a la muerte de un ser querido o un amigo. Muy a menudo han descubierto que los desconocidos se muestran más receptivos a escucharlos que sus propias familias y amigos.

Tómate un momento y reflexiona sobre esto: han tenido lo que quizá sea la experiencia más intensa de su vida y la mayoría de estas personas sienten que no pueden compartirla. Reciben mensajes de incredulidad, o peor. He perdido la cuenta de las veces que me han dicho «Gracias por escuchar mi historia» o «Gracias por creerme». Empecemos intentando entender esta cultura de la desconfianza en torno a las EMC. Empieza, en parte, al entender y aceptar que culturalmente nos sentimos profundamente incómodos con la muerte. Por encima de la religión, el sexo o la política, la muerte es el tema de conversación más tabú. La razón tiene que ver con los avances en la medicina moderna y, también en parte, con nosotros.

Tal y como afirma la doctora Monica Williams, la directora médica del Shared Crossing Project, durante muchos años el sistema educativo médico ha «sobreseleccionado» a sus alumnos por su mentalidad científica. Muchos profesionales médicos que trabajan actualmente han sido formados sobre todo como «ingenieros del cuerpo». Están destinados a trabajar dentro de un sistema basado en enfermedades; es decir, cuando se enfrentan a una enfermedad, su objetivo es mantenerla a raya. No es de extrañar que la medicina se haya especializado: muchos médicos son expertos en sistemas o incluso órganos individuales; solo tratan la zona en la que están versados, no a la persona en conjunto. Los avances tecnológicos y los tratamientos han conducido a los pacientes a convertirse en la suma de sus partes.

Cuando los médicos se enfrentan a una enfermedad grave o terminal, las preguntas principales que suelen hacerse normalmente giran en torno a intentar postergar la muerte. Trabajando con ese modelo, la muerte equivale al fracaso. En campos como el del tratamiento del cáncer, la analogía usual es la de un campo de batalla o la de ir a la guerra contra la enfermedad. La comunidad médica no suele preguntar: ¿Cómo vas a vivir? ¿Qué propósitos tienes ahora en tu vida? Algunas excepciones notables a esta aproximación son las enfermeras, cuya formación incluye no solo al paciente biológico, sino también sus aspectos psicológicos y espirituales, y también los médicos de cuidados paliativos.

Resulta abrumador, sin embargo, la falta de debates sinceros y tolerantes sobre la muerte. Incluso la terminología usada para describir algunos sucesos vividos en torno a la transición del final de la vida presenta connotaciones muy negativas. Los profesionales médicos hablan de «alucinaciones terminales» para describir a los pacientes que dicen ver a amigos o familiares fallecidos. Las explicaciones médicas para los momentos de transición abarcan desde «hipóxico» —que significa que se debe a una falta de oxígeno— hasta «locura metabólica» y confusión. (En particular, a los pacientes que dicen haber vivido alguna experiencia cercana a la muerte les dan muchas explicaciones iguales).

Si la conversación empieza con el concepto de que la persona está «metabólicamente trastornada» o que lo que están viendo es meramente una alucinación, es un reto conseguir una aceptación neutral, y mucho más una positiva. A menudo, la respuesta médica ha sido administrar fármacos profusamente al enfermo, disminuyendo así su capacidad de experimentar visiones u otros sucesos antes o durante la muerte. En efecto, los profesionales médicos que se han topado con personas que han vivido experiencias de muerte compartidas o que las han vivido por sí mismos se muestran muy reticentes a hablar de ellas. Uno de ellos me dijo: «Los únicos que quizá sean capaces de hablar de esto son aquellos cuya carrera está a punto de acabar, si no es un suicidio profesional».

Pero hay una reticencia parecida a hablar de estas experiencias con otras personas que también juegan un papel importante en la vida de los pacientes terminales: el clero. Recordemos al rabí de Stephanie, que básicamente zanjó la conversación sobre la experiencia de muerte compartida que había tenido con su marido. Otras personas que han vivido esas experiencias ni siquiera se han sentido lo suficientemente cómodas como para sacar el tema con un sacerdote o un párroco. Tal y como Scott T. lo describió: «Me sentí solo durante mucho tiempo... [...] Me parecía algo que no podía contarle a mi familia ni a mi comunidad presbiteriana. No me sentía seguro. No es que sean personas peligrosas ni nada, pero es un momento tan preciado y valioso que no quieres que nadie lo estropee. Y no sabes cómo reaccionará la gente, así que ese riesgo de divulgarlo fue muy real para mí». Muy pocos clérigos responden como lo hizo el pastor de Liz H. Él reconoció lo que ella había vivido y le dijo que, en definitiva, había ido al paraíso con su hijo, Nicolas. El pastor francés de Alice W. hizo algo parecido cuando declaró que su experiencia había sido «normal».

La incomodidad y el escepticismo automáticos son particularmente irónicos dado el papel que la religión y las comunidades religiosas han jugado en el proceso de transición de la vida a la muerte y que se remonta a muchos siglos atrás. Uno de los artefactos religiosos más fascinantes procede de la Francia de finales del medievo y es un texto llamado *Ars Moriendi* o *El arte de morir*. Se ha encontrado en varios monasterios, principalmente en el centro de Francia, una intersección natural de Europa, y a menudo estaba traducido del latín. Contiene instrucciones específicas sobre cómo cuidar de las personas que se están muriendo: rezos, música de capilla, remedios contra el dolor, cuidados corporales y formas de lidiar con la presión mental y emocional. *Ars Moriendi* es, en más de un aspecto, la versión de las tradiciones católicas monásticas de *El libro tibetano de los muertos*, y es sorprendentemente ecuménico para su época, ya que contiene guías de las tradiciones celtas, judías e islámicas. Dicho de otro modo, las tradiciones religiosas compartían el concepto de necesitar entender y servir abiertamente a los moribundos y a los que iban a perder a un ser querido pronto. Quizá un poco de esta opinión persistiese en el sacerdote de Alice W.

Abrirse al misterio de las EMC parecería por lo tanto una respuesta natural entre miembros de la comunidad religiosa, pero esto aún no ha sucedido de forma eficiente. No sé si se debe a que la experiencia de muerte compartida es principalmente aconfesional o si sustrae el concepto del más allá de ciertas creencias y guías religiosas. Algunas personas han descubierto que su EMC desafía sus creencias. Tal y como nos explicaba otra entrevistada, Lisa J.: «Viví una experiencia de muerte compartida y aquello destrozó mi forma de pensar. Crecí siendo luterana. Mi padrastro era pastor luterano. Era la líder juvenil de mi iglesia y creía todo lo que me decían, incluyendo que, si no estabas bautizado, irías al infierno. Por eso sentí tanta angustia por mi marido... Temía que se fuese al infierno. Y entonces ver que no derribó mis creencias». Y, sin embargo, otras personas se sienten atraídas hacia un camino más espiritual después de vivir estas experiencias, e incluso a creer más explícitamente en Dios o en un ser divino. Tal y como dijo Cristina C. después de una EMC con su madre: «Antes no me sentía para nada cerca de Dios. No era capaz de sentirlo nunca. No sabía dónde estaba. Estaba muy enfocada en la ciencia. Soy el tipo de persona que siempre necesita pruebas, pero ahora siento que tengo que hablarle a la gente de Dios por lo real que fue». Independientemente de las creencias religiosas, está claro que a estas alturas un debate sobre las EMC y la posibilidad de su existencia no se incluye en los cuidados pastorales ni en las charlas religiosas sobre la muerte.

Aquellos que las han experimentado nos han comunicado que no buscan simplemente alguien caritativo que los escuche, sino que acepten que su experiencia es válida y legítima. Una experiencia de muerte compartida habla de los misterios del mundo, del significado de la vida y del significado de la propia divinidad. La gente se reúne en comunidades espirituales sobre todo para experimentar lo divino y para compartir su fe en una fuerza afectuosa y superior que se preocupa por ellos y los guía, así que es natural que los que viven una EMC recurran a dichas comunidades en busca de apoyo y comprensión. Pero entonces descubren que aquello que les ha cambiado la vida es puesto en duda, en parte porque su consejero religioso o espiritual no sabe o no se siente cómodo con las experiencias de muerte compartidas. Muchos también se apartan de cualquier expresión de alegría, aunque durante la EMC hayan sentido felicidad. Stephanie L. comentó que en el funeral de su marido y durante el luto posterior sentía que era «socialmente inaceptable» que sintiese alegría y aceptase su muerte. Nosotros, los terapeutas de duelo, debemos dejar espacio a las emociones positivas que el doliente quizá pueda sentir como resultado de su EMC. A su vez, estos piden a sus comunidades religiosas y espirituales que reconozcan y honren su experiencia como algo normal, sano y un regalo especial. Llegar a ese punto, sin embargo, va a precisar de una revaluación y una comunicación más abierta.

Estudiar esas distintas respuestas me ha llevado a concluir que, si queremos cambiar nuestra conversación, nuestras preguntas y nuestra comprensión con respecto a la muerte, el cambio debe empezar desde fuera hacia dentro. Este proceso ya está sucediendo en el sector de los cuidados paliativos. En efecto, tras una presentación sobre las experiencias de muerte compartidas, el jefe de un hospital de enfermos terminales me dijo: «Ese es el mayor secreto de nuestros hospitales. Esas cosas pasan constantemente, pero no hablamos de ellas». Sin embargo, otros países son menos reticentes. En Gran Bretaña, una encuesta arrojó a la luz que el 93 por ciento de cuidadores, tal y como se les llama a los que trabajan en los cuidados terminales, querían saber más sobre esas experiencias relacionadas con la muerte. Un panfleto de 2008 titulado «Aproximación al final de la vida: una guía para parientes y amigos de quienes están falleciendo», escrito por Sue Brayne y el doctor Peter Fenwick y publicado en Inglaterra por la Universidad de Southampton, aborda específicamente las experiencias cercanas a la muerte, o ECM, comentando que, al contrario que las alucinaciones, que inquietan y a menudo involucran sensaciones físicas incómodas, «la gente que tiene experiencias cercanas a la muerte parece tranquila y aliviada por ellas. Parecen ayudar a la persona a despedirse del mundo físico y a superar su miedo a morir». Cuando el doctor Fenwick habló de las ECM en la televisión británica, su cuenta de correo se llenó de más de setecientos correos de cuidadores y familiares que compartieron sus propias ECM con amigos y parientes, un fenómeno que he vivido yo mismo al hacer las entrevistas.

Una segunda guía de los mismos autores enfocada exclusivamente en las ECM recomienda que los cuidadores y el personal médico «se interese y tenga curiosidad en vez de mostrar reticencia o desprecio» hacia estos encuentros. El doctor Fenwick comparte sus recuerdos sobre la experiencia cercana a la muerte de un paciente diciendo: «Estaba quedándose inconsciente. Cuando lo miré, estaba mirando fijamente a algo frente a él. Una sonrisa de reconocimiento se extendió despacio por su rostro, como si estuviese saludando a alguien. Entonces, se relajó y falleció». Fenwick y Brayne también mencionan que «los moribundos y los testigos de estas experiencias cercanas a la muerte normalmente las describen con términos afectuosos y luminosos como "tranquilizadora", "relajante", "reconfortante", "preciosa" o "preparadora"».

En el Shared Crossing Project hemos encontrado las mismas respuestas que nuestros compañeros ingleses. Empieza con un libro como este, en el que las personas que han vivido una experiencia tienen espacio para compartir sus historias. También empieza con las comunidades de cuidados paliativos que validan las experiencias de amigos o seres queridos y abogan por mostrarse abiertos en cuanto a su existencia. Empieza con una comunicación abierta entre profesionales médicos y líderes religiosos. La doctora Monica Williams menciona que su primer contacto con una EMC sucedió en una consulta. Un hombre había sufrido un paro cardiaco en un supermercado. Lo habían llevado al hospital, pero no pudieron resucitarlo. La doctora Williams había llamado a su mujer y le había pedido que fuese al hospital, mencionando solo que su marido estaba muy mal. Cuando entró en la habitación privada para decirle que su marido había fallecido, su respuesta fue: «Lo sé. Me lo acaba de decir». La experiencia alteró su percepción de la muerte y la llevó a abogar por crear un espacio para la familia, amigos y seres queridos incluso mientras la persona está falleciendo. Eso puede ser algo tan sencillo como darles intimidad en una habitación con la puerta cerrada y monitorización, pero sin distracciones invasivas. «Es un misterio que no tenemos por qué comprender», opina la doctora Williams.

La mayoría de los estadounidenses, hasta un 80 por ciento, cree en un más allá benevolente. Sin embargo, los médicos tienden a abordarlo de forma diferente. En su vida personal tal vez sí crean en el más allá, aunque las encuestas sugieren que el porcentaje de los que sí lo hacen sigue siendo menor que el de la población general. Profesionalmente hablando, al haber estudiado bajo un modelo científico, los profesionales médicos a menudo expresan escepticismo o se muestran muy reticentes a debatir estos temas. He entrevistado a doctores que me han dicho: «Personalmente claro que creo en el más allá, pero no puedo arriesgarme a comentarlo en un ambiente profesional». Dar un espacio adecuado a este debate necesita convertirse en algo fundamental.

A pesar de que la medicina está orientada a los datos y a las pruebas empíricas, también debería reconocerse que no todos los sucesos tienen explicación o una teoría irrefutable que los justifique. Podemos reconocer que la gente vive una amplia gama de experiencias en torno a la muerte y que todas pueden ser normales, que no tienen por qué justificarse como cambios en el metabolismo o en los niveles de oxígeno. Podemos identificar lo que son estas experiencias: una comunicación con nuestros difuntos parientes, amigos e incluso mascotas; percibir su presencia en la habitación; sentir que se embarcan en un viaje inminente; tratar de alcanzar algún objeto o persona; notar un foco intenso en las ventanas o ver una brillante fuente de luz; o aparecer perdidos en nuestros pensamientos, como si estuviésemos tratando de procesar información nueva. De hecho, muchos de los elementos de una EMC pueden considerarse señales que anuncian a los cuidadores y a los seres queridos que la transición a la muerte está ocurriendo. Pueden guiar el nivel de intervenciones médicas, el confort, el apoyo y el manejo del dolor. Podemos mejorar el cuidado y ofrecer a los pacientes «una muerte tranquila» si estamos más sintonizados con las señales.

Muchos de los debates en torno a la muerte ya están cambiando, incluyendo el esfuerzo por identificar los componentes que hacen que una muerte sea más confortable. La fundación Lie, basada en Singapur, ya ha encargado dos veces un «Índice de Calidad de Vida» (el más reciente fue en 2015) sirviéndose de cinco categorías métricas: el ambiente de los cuidados sanitarios y paliativos, la asequibilidad, los recursos humanos, la calidad del cuidado y el compromiso comunitario. El índice lo preparó la unidad de investigación de la revista Economist. Reino Unido encabezaba la lista, seguido por Australia y Nueva Zelanda, varias naciones europeas y Taiwán. Estados Unidos se encontraba en noveno lugar, con un resultado del 80,8, en gran parte debido al alto coste de los cuidados paliativos; en esa métrica, Estados Unidos se encontraba la decimoctava en el mundo. Quizá un cuidado atento y compasivo que mejore el final de la vida de un paciente no se dé si parece demasiado caro o poco rentable.

El primer paso a la hora de cambiar la estrategia dentro del sistema norteamericano sería reconocer que desde el momento en que a la persona se le diagnostica algo terminal, todos los profesionales médicos deberían ser conscientes y mostrar sensibilidad al dolor emocional y sufrimiento que el paciente y sus seres queridos seguramente estén sintiendo. Los sanitarios pueden aprender a reconocer y ayudar con la carga psico-emocional que supone recibir y vivir con un diagnóstico terminal y ofrecer opciones de apoyo psico-emocional para todos los familiares. El tratamiento físico es igual de importante que dar cabida a las profundas preguntas existenciales que nos surgen a menudo, como «¿Qué pasa cuando me muero?». Involucrar estas preguntas también podría ayudar a que pacientes y familiares hablen más abiertamente de las opciones en los tratamientos terminales y a valorar con más sinceridad la búsqueda de intervenciones dirigidas a prolongar la vida del paciente frente a las medidas de confort que les permitirían conectar y atesorar más los últimos días de su ser querido. Nos vendría bien considerar las creencias de la persona moribunda sobre lo que hay después de la muerte y cómo les gustaría hacer la transición a ese destino. Las experiencias de muerte compartidas dan mucho margen para que esta conversación tenga lugar.

A continuación, al igual que es importante escuchar sin juzgar a la persona que va a fallecer, también es importante hacerlo con los que se quedan atrás. En lugar de declarar que las experiencias de muerte compartidas son «increíbles» en el mejor de los casos o «una locura» en el peor, podría resultar útil abrirse a la posibilidad de que sí suceden realmente. Ninguno de nosotros gana nada al desechar estas experiencias ni presionando a la persona que las ha vivido a que se las guarde para sí. Durante miles de años, los rituales, el arte visual y la historia han ilustrado la transición de esta vida terrenal a la del más allá. Alrededor del mundo, las civilizaciones han relatado conexiones profundas con antepasados. Nuestra incredulidad es mucho más reciente que los muchos siglos de tradición. En vez de desechar y no creer a las personas, quizá deberíamos preguntarles a los que discrepan «¿cómo y por qué estás tan seguro?».

Porque de lo único que estoy seguro es de la calidad y profundidad de estas experiencias. Tal y como me dijo Gail O. cuando hablábamos del fallecimiento de su padre: «No me acuerdo de lo que hice la semana pasada, pero me acuerdo de cada minuto de ella [de la EMC]. Es un tipo de recuerdo diferente. Está escrito en nuestro ADN o algo así. Está ahí y es un recuerdo tan perfecto que nunca se desvanece. No, no se desvanece». Estamos siendo testigos de un cambio fundamental, un verdadero antes y después, una forma distinta de comprender este profundo camino en la vida humana.

Pero nada de esto puede suceder si primero no somos sinceros con nosotros mismos. Maggie Callanan, una enfermera pionera en los cuidados paliativos, lo explica así: «Siempre muere una persona de una… así que los números juegan en nuestra contra». Quizá la muerte no suceda como queramos o cuando queramos, pero hay muchas formas de convertirla en una experiencia mejor y más sanadora, no simplemente para la persona que fallece, sino para aquellos que se quedan atrás. Cómo empezar a hacerlo es lo que abordaré en el siguiente capítulo.

13

¿VIVIRÉ ALGUNA EXPERIENCIA DE MUERTE COMPARTIDA?

¿Por qué algunas personas viven una EMC y otras no? Tras dos décadas de estudio, tengo diversas observaciones al respecto.

Las EMC tienden a ocurrirles a personas que, de algún modo u otro, están abiertas y disponibles a ellas. Con frecuencia se refiere a literalmente disponibles: no están distraídas; buscan el tiempo y crean el espacio para participar en la experiencia. Recuerda la reflexión de Sonya F. sobre su EMC con su amiga Dennie: «Echando la vista atrás, supongo que en parte sentí que estaba disponible para ayudarla, así que me eligió». O en el caso de Leslie C. y su sobrina Sarah, conscientemente habían elegido dejar la ventana abierta en la habitación del padre moribundo de Leslie. A veces la EMC sucede cuando la persona le ha dado permiso para marcharse a la que está falleciendo, como en el caso de Karen y su marido, Timothy. Otras veces, la EMC puede ocurrir cuando el emplazamiento lo permite. Richard K. estaba disponible para su amiga de toda la vida, Pat, cuando salió a dar un paseo. Julie S. estaba en el cine, un ambiente que ya de por sí consigue que nos evadamos del mundo exterior y dejemos la incredulidad a un lado, cuando fue consciente de la muerte de su exmarido. Otros se encuentran junto a la cama, o dormidos, o dentro de vehículos en movimiento (coches, aviones), localizaciones y espacios que no requieran casi nada de actividad que pueda interrumpir la consciencia. Además, hay pasos específicos que puedes dar para volverte más consciente y abierto a las experiencias de muerte compartidas. Algunas personas han practicado meditación, yoga u otras formas de *mindfulness*. Algunas son espirituales o religiosas. Muchas que he encontrado o que se han puesto en contacto con nosotros son mujeres, pero eso no quiere decir que los hombres no puedan experimentarlas. De hecho, lo receptivo que seas a ese momento parece ser clave, más que cualquier expectativa fija de que vaya o no a pasar.

También existe la fascinante pregunta de cómo de consciente está o cuánto ve literalmente la persona que la experimenta. Algunos son capaces de atisbar un «motivo» superior por el que el suceso ocurre. En el caso de Ida N., de Noruega, ella recuerda claramente haber visto a un «ser de luz» con su madre. Amelia B. tuvo incluso una visión más nítida: vio a una mujer joven y preciosa en una bata blanca y con algo en la mano caminando decidida durante los últimos momentos de su hijo. Stephanie L. también pudo haber visualizado una poderosa fuerza energética con su marido. He oído todas esas descripciones de seres e individuos desconocidos con la suficiente frecuencia como para atribuirles un nombre. He apodado a esta figura o fuerza «el conductor», porque está claro que tiene el papel definido y único de ayudar a conducir a la persona moribunda al reino del más allá. Otras sociedades antiguas ya habrían podido identificar de forma más explícita a este conductor, puesto que su figura es similar a la del barquero Caronte en el río Estigio.

Además, la persona que fallece podría tener voz y voto a la hora de decidir con quién compartir ese momento. Scott T. cree que Nolan, el hijo de su novia, lo eligió porque lo veía —o esperaba que lo viera— como una figura paterna. Nolan también eligió, de entre todos los familiares en la habitación, a su tía más cercana y la que más los había apoyado a su madre y a él. En algunos casos, la persona elegida está bien preparada para actuar como mensajera. La amiga de Richard, Pat, podría haberlo elegido por su capacidad para comunicarse, al igual que la madre de Celia tal vez la eligiera por su capacidad para compartir su experiencia con su padre y otros familiares y amigos. Algo similar parece haber sucedido con Sarah M. y su sobrina, que murió de sobredosis; fue una forma de transmitir su experiencia. Ella añade: «La razón me dice que Leila está bien, que fue difícil para ella marcharse. Estoy segura de que no quería abandonar a su hija y sé que no lo hizo, pero creo que está bien».

Leslie C. debatió en profundidad las diferentes interpretaciones de su experiencia de muerte compartida con su padre y especuló sobre por qué fue ella la que terminó en su habitación cuando falleció. «Mi mente reduccionista me dice que yo simplemente me encontraba en un paso de peatones cuando el autobús cruzó la intersección; solo fui una mera espectadora de aquel fenómeno, tuve suerte y pude verlo. Por otro lado, a mi padre le gustaba tener público. El público era una de sus principales fuentes de motivación. Sabía que tenía público porque sabía que Sarah lo amaba a muerte y que vería con ansias cualquier cosa que hiciera. También sabía que yo estaría allí pasara lo que pasase, porque no pensaba irme. Cabe esa posibilidad. También cabe la posibilidad de que fuese algo que quisiera transmitirnos a Sarah y a mí porque sabía que compartiríamos su mensaje de "Oye, que estoy bien" con los chicos y el resto de nuestra familia. De esas tres posibilidades, cualquiera me vale y me alegro de que las tres existan».

Casos como el de Leslie, no obstante, sí que plantean una cuestión desconcertante: ¿Por qué algunas personas viven una EMC y otras no? A menudo me preguntan: «¿Por qué quien fallece visita solo a uno o dos cuidadores o seres queridos y no a todos?», y he observado que solamente a un número limitado de seres queridos se le concede esta oportunidad. Recuerda el caso de Scott y el hijo pequeño de su novia, Nolan. En una habitación llena de familiares, solo Scott y la tía más cercana a Nolan experimentaron una EMC en el momento de la muerte del niño. Asimismo, cuando me describió el suceso, Scott explícitamente dijo que creía que Nolan lo había «elegido». Tal vez quepa la posibilidad de que la persona que fallece pueda recomendar a quién quiere que viva esa experiencia con ellos. Visto desde esta perspectiva, la EMC adoptaría un nuevo componente. Muchos de los que han vivido una EMC creen que fueron invitados a ella para un propósito específico como honrar la relación, arreglar problemas personales, tratar temas pendientes o compartir una verdad importante, a menudo sobre el más allá. Por ejemplo, en los casos de Adela B. e Ida N., su padre y madre, respectivamente, reconocieron que se habían equivocado al no creer en el más allá. Expresaron que habían sobrevivido a la muerte humana y que eran felices en otro lugar. O en los casos de Leslie y Celia B., tal vez sus padres las eligieran como receptoras de la EMC porque creían que sus hijas transmitirían lo ocurrido a otros familiares, que compartirían la historia con más personas, tal y como Leslie dice arriba: «sabía que lo compartiríamos con los chicos y el resto de nuestra familia». O tal vez sea una combinación de elección y disponibilidad la que determina la vivencia de una EMC, tal y como se ve en los casos de Richard y su amiga Pat, Madelyn y su amigo Chayim, y Sonya y su amiga Dennie. En palabras de Sonya: «Supongo que en parte sentí que estaba disponible para ayudarla, así que me eligió». En definitiva, estos elementos tan dispares subrayan la complejidad del proceso de una EMC. Su completo entendimiento —por qué ocurren y a quién— aún permanece envuelto en un halo de misterio.

No obstante, aunque hay un tremendo despliegue de poder en el momento de la EMC, su verdadero impacto se mide en cómo pasa el duelo el que la vive y también cómo esa experiencia cambia su perspectiva sobre la muerte. Leslie C. comenta de su experiencia: «Sentí paz porque estaba donde quería estar. En vez de llorarlo, puedo simplemente llorar mi propia pérdida. Puedo estar triste porque mi padre ya no está, pero de veras que pienso que se encuentra en un buen sitio, que es feliz, que está bien cuidado y rodeado de amor». Otra entrevistada del Shared Crossing Project, Cindy C., explica: «Es tranquilizador, la verdad. No porque mi padre no tuviese que embarcarse en ese viaje solo, sino porque quizá nadie de nosotros lo haga... A mí nunca me ha dado miedo la muerte. Como ya he dicho, todos vamos a morir. Pero ese momento... el saber que realmente hay otra gente esperando para ir... "Vale, venga. No pasa nada". Es maravilloso». La reflexión de Amelia B. sobre este tema es particularmente llamativa: «Lo cambia todo, ¿verdad?», dice. «Simplemente lo cambia todo. Ya no me da miedo morir. Es como entrar en otra habitación que nuestra mente no es capaz de concebir. A veces la vislumbramos porque nuestros niveles de energía o lo que quiera que sea se alinean adecuadamente». Sobre su hijo Tom, añade: «Siento que su espíritu permanece. Es lo que hace que su pérdida sea soportable, porque lo echo de menos. No está aquí y no me parece justo. Pero lo quiero igual, aunque ya lleve seis años muerto; eso no cambia mi amor por él. Mi amor es pleno».

Esto nos lleva, quizá, a la implicación más profunda de la experiencia de muerte compartida. La mayoría de los terapeutas especializados en duelo y pérdida se han centrado durante muchísimo tiempo en los conceptos de «pasar página» y «dejar marchar» al ser querido fallecido. No obstante, existe una forma diferente de abordar la pena llamada continuidad de vínculos, que deja a un lado estas frases tan artificiales. La continuidad de vínculos reconoce que, aunque la muerte de un ser querido acaba con su vida humana, eso no significa que rompa de manera irrevocable su relación con los demás. En cambio, la continuidad de vínculos abre la posibilidad de que el ser querido vivo pueda crear una nueva relación con el fallecido. La continuidad de vínculos se basa en la idea de que, aunque el fallecido ya no está presente en forma humana, su recuerdo y el vínculo especial que ambos compartían permanece en el ser querido, solo que de una forma diferente, y merece respeto y amor. En esta conceptualización, la relación no se rompe ni se congela, sino que evoluciona.

El concepto de mantener vínculos más allá de la muerte no es nuevo. A lo largo de la mayor parte de la historia humana documentada desde la Edad de Bronce (2500 a. C.) hasta justo antes de la Ilustración, la mayoría de las culturas y tradiciones religiosas creían en un más allá y en muchas de esas culturas claramente se celebraban ceremonias para conectar con sus antepasados. En la actualidad, a principios de la primavera, muchas familias chinas viajan hasta las tumbas de sus antepasados para limpiarlas, un evento conocido como «Festividad de Qingming» o «día de limpieza». Las familias tradicionales también pueden levantar lápidas o santuarios para sus antepasados en sus hogares. En Centro y Suramérica, muchos países, en particular México, celebran el Día de los Muertos el 1 de noviembre, con desfiles, fiestas, canciones y bailes y visitan el cementerio para honrar y hacer ofrendas a sus familiares fallecidos. Aunque la continuidad de vínculos es un concepto moderno y sobre todo occidental, tiene raíces muy profundas y se basa en la idea de que la muerte no implica una separación definitiva de aquellos a los que hemos amado.

Dentro de nuestra propia experiencia con el duelo, las experiencias de muerte compartidas, así como las experiencias pre y post mórtem, pueden servir para afirmar, procesar e integrar la sanación en la persona que ha perdido a su ser querido de una manera personal y significativa. Estas no son mis palabras, sino conclusiones independientes de quienes han vivido una EMC. Otra entrevistada del Shared Crossing Project, Yvonne K., nos dijo: «Creo que las EMC pueden ayudar a la gente con su proceso de duelo, para saber que sus seres queridos no son solo cenizas en la tierra, sino que sus almas siguen viviendo, y para saber que han sentido parte de ese amor o belleza o que el espíritu de su ser querido sigue viviendo después del momento de su muerte. Las EMC pueden ser un enorme consuelo para la gente». Lynn D. nos explicó su vínculo permanente con su difunto marido citando las palabras del pionero en el ámbito de las EMC, Raymond Moody: «Moody dice: "Vuestros corazones jamás estarán separados, siempre vas a estar unida a él". Algo único de las experiencias de muerte compartidas es... que sé que nuestros corazones siempre estarán unidos. Es decir, nunca voy a perderlo. No puedo. Es imposible. Eso es lo que me motivaba a seguir adelante». Elizabeth B., cuyo hijo, Morgan, falleció cerca del campamento base del monte Everest, también describe la sensación permanente de la presencia de su hijo: «Su energía sale de mi vientre y sube hasta mi corazón y no me deja estar triste. Me llena por dentro. No sé si he oído a alguien más que sienta lo mismo que yo, pero es una gran sensación no solo de paz, sino también de dicha».

Otro concepto que también resaltan las experiencias de muerte compartidas es el de un lugar alternativo donde moran las almas o la energía que abandonan esta tierra. De nuevo, este concepto está recogido en las palabras de los que han vivido una EMC y de sus descripciones individuales. Tal y como Celia B. me explicó mientras reflexionaba sobre su experiencia durante la muerte de su madre: «Creo que fue muy reconfortante. Y me sentí increíblemente agradecida. Sabía que estaba en buenas manos, bien cuidada y atendida». Leigh M., terapeuta espiritual en un hospital de cuidados paliativos, explicó su concepción del más allá después de haber experimentado su propia EMC durante una entrevista para la investigación del Shared Crossing Project diciendo: «No sabemos exactamente lo que ocurre allí, pero creo que es un buen sitio. También creo que probablemente sea mucho más grande y haya muchas más dimensiones de las que tenemos aquí. Es como mirar a un punto diminuto desde un mundo también diminuto. Y en realidad creo que es la muerte, o tal vez sea la vida, no lo sé, la que impulsa todo eso».

Otra conclusión a la que muchos llegan es que hay «otro mundo» activo y benévolo después de la vida en la tierra. La entrevistada del Shared Crossing Project Julie N. concluyó una conversación sobre su EMC con su padre diciendo: «Me ha impactado mucho porque sé lo que mi padre y yo vivimos juntos y, aunque solo hubiese sido una parte estrafalaria de mi cerebro fantaseando por su cuenta, no pasa nada. Para mí el significado que tuvo fue: "Oye, mira lo que hay ahí. Mira lo que es posible. Mira lo que hay después"». Liz H., que experimentó la muerte de uno de sus gemelos, Nicolas, justo antes de nacer, se extiende sobre este tema. «Creo que fui capaz de seguir adelante porque tuve la sensación de que fuera a donde fuese, Nicolas estaría en un lugar mejor».

Como parte de su esfuerzo intelectual por definir mejor el mundo del más allá y el proceso por el que la energía humana la alcanza, después de la EMC algunas personas incluso han elegido estudiar filosofía, incluida la metafísica, que analiza la naturaleza de la realidad humana, o física; en parte porque la física cuántica, la exploración de las partículas invisibles del universo, propone que las partes más diminutas del universo son, de hecho, tanto ondas como partículas a la vez. Según los físicos, esta dualidad describe a cada objeto existente, incluyendo a las personas, como tanto un paquete de energía (una onda) como una entidad física (una partícula). La capacidad de viajar entre estos dos estados tiene un sentido más racional para aquellos que han pasado por una EMC y son de mente más científica. Como Brian S., cuya esposa murió después de una larga batalla contra el cáncer, explica en estas páginas: «Sí que siento que hay vida aquí tal y como la conocemos y luego hay otra distinta una vez soltamos nuestros cuerpos y pasamos a nuestra forma energética o lo que sea eso». O como Laura T. le contó a nuestro equipo de investigación, su EMC con su madre le brindó «el conocimiento de que solo estaba pasando al siguiente tramo de su viaje y que no podía continuar, pero que seguiría habiendo una especie de comunicación entre ambas».

De hecho, otro aspecto clave de la teoría de la continuidad de vínculos en las EMC es la posibilidad de poder seguir manteniendo una relación con la persona que ha fallecido. Muchos defensores de la continuidad de vínculos apoyan activamente a aquellos que dicen tener comunicación post mórtem o una relación continua y en constante evolución con el fallecido, aunque este pensamiento se desvía de otros enfoques más tradicionales sobre el duelo. No obstante, es un factor primordial para las muchas personas que han compartido sus EMC conmigo para este libro.

Michelle J., que perdió a dos hijos y ahora trabaja en Helping Parents Heal, comentó: «No hay mucha gente a mi alrededor que hable abiertamente sobre esta clase de cosas. E incluso muchos de los otros líderes de Helping Parents Heal jamás han sentido nada igual. Así que parece que si hablo demasiado sobre las experiencias que tuve con mis hijos estoy fanfarroneando, aunque no lo esté haciendo en realidad. Es solo que siento que tengo un vínculo particularmente increíble». Otras personas confiesan sentir varios niveles de culpabilidad por no haber llorado a sus seres queridos como se esperaba de ellos porque han elegido seguir otra ruta emocional después de sus EMC.

Los que han experimentado una EMC ofrecen algunas de las descripciones más completas en cuanto al proceso de mantener y buscar un vínculo con aquellos a quienes han perdido. Adela B., que perdió a sus dos padres, describe la naturaleza de su actual relación con ellos: «Ahora mi madre se me aparece; otras veces es mi padre. Creo que cuanto más quiero hablar con ellos, más se me aparecen. Están ocupados, siguiendo con sus vidas, signifique lo que signifique eso. No creo que este plano les importe mucho ya. Solo son amables conmigo porque sigo aquí… al menos así es como lo veo yo». Scott T., que perdió en un accidente de tráfico a su novia y al hijo pequeño de esta, explica su continua relación, que ha mantenido en parte gracias a la meditación. «He hecho muchas sesiones de meditación. A veces Mary Fran viene y otras no. Pero Nolan siempre ha estado conmigo. Pienso en él como en un ángel de la guarda, siempre está ahí. Reconozco y siento su presencia y puedo llamarlo o hacer que aparezca cuando él quiere hacerse notar. Percibo su firma energética y sé que está ahí. Nos hemos comunicado mucho».

Pero esta comunicación no tiene que ser verbal necesariamente. Michelle, cuyo hijo recién nacido murió y cuya hija adolescente falleció también después de un accidente de coche, describió algunas de las formas de comunicación con las que se ha topado. «Parece una locura, pero sé cuándo una señal es de ella y cuándo es de los dos. No suelo percibir señales de Ben solo. Él me envía mensajes a través de la electrónica. Hace que las luces se enciendan y se apaguen solas, entonces sé que es él». Otros se han servido de la continuidad de vínculos que permite la EMC para enmendar activamente sus relaciones. Trudy B., que la experimentó con su madre, describió su proceso: «Por muy difícil que fuese mi relación con mi madre antes, con mucho trabajo interior y de perdón ahora mantengo la relación que siempre había querido tener con ella. Siento su presencia, su amor y su apoyo. Y he podido validar esta experiencia en varias ocasiones, así que sé que es real».

Una experiencia de muerte compartida también puede animar a la gente a mirar hacia fuera y a replantearse su vida exterior. Este tema es casi universal entre los que han vivido una EMC y se refleja de varias formas. Carl P. habló del impacto permanente que dejó en él su EMC con su padre diciendo: «Ha sido una fuente de fuerza para mí. Es sentimental, lo sé, pero solo saber que está ahí —sea donde sea eso— me da fuerzas. Y que no es el final, que no hay una nada. Todo es un misterio». Mientras que algunas personas encuentran útil y gratificante que otros validen sus EMC, es importante mencionar que estos cambios ocurren compartan o no sus experiencias con otros, y los crean o no. Stephanie L., cuya familia, amigos e incluso clero no creyeron su historia, habló de los cambios que hizo y de cómo renovó su vida después de su EMC con su marido. «Todo se volvió extremo en el mejor de los sentidos. Empecé a plantar un huerto. A escuchar música. Había estudiado arte en la universidad, así que volví a reencontrarme con mi arte. Todos mis sentidos se volvieron mucho más agudos, mucho más reales que nunca».

También existe la profunda comprensión de que la vida es corta y que ahora es el momento de cambiar sus vidas tras identificar el conocimiento que se les ha revelado en la EMC. Las personas a menudo llevan a cabo cambios significativos en sus vidas, ya sea en sus relaciones, en su estilo de vida o en su trabajo. De hecho, la gran profundidad de los cambios personales después de una EMC me ha llevado a concluir que uno de los mayores impactos de la EMC es revelar un significado y un propósito más profundos sobre la vida, algo con lo que antes no se había tenido contacto. Como un cliente me dijo: «Mi EMC despertó mi verdadero propósito en la vida y otorgó un significado más profundo a mi existencia. Después de mi EMC recuerdo pensar: "Necesito romper con mi pareja, cambiar mis hábitos por otros más saludables y abrir mi propia consulta". Y ahora, tres años después he hecho justo eso y mi vida es muy gratificante». Amelia B. también menciona que empezó a pensar en su propósito mayor en la tierra después de la muerte de su hijo Tom. «Esta vida es muy importante. Lo que hacemos, decimos y cómo nos sentimos no es ninguna frivolidad. Pero no creo que en donde sea que vayamos después nos digan: "Umm… solo tienes cincuenta mil dólares en la cuenta y no te va tan bien en el trabajo". No creo que vaya por ahí la cosa. Hay algo más». Liz H., que también perdió a un hijo, opina sobre el mismo tema diciendo: «Creo que descubrí que tenía un propósito mayor que el que había imaginado y que necesitaba estar más presente y pendiente de cómo ayudar a la gente. Que no tenemos constancia del dolor de mucha gente y que quizá todo a partir de ese momento ha encajado como debería».

Tras miles de horas de conversaciones con familias, amigos y personas que han experimentado una EMC, me he vuelto muy consciente de que no podemos predecir qué regalos o conocimiento compartirá con nosotros una EMC, y eso forma parte de su impacto y su misterio. Mientras trabajaba en la conclusión de este libro, mi padre empezó su proceso de muerte. Su salud llevaba años empeorando por culpa del Alzheimer, pero le había llegado la hora. Como estaba tan cerca de morir, con toda mi familia pudimos quedarnos con él en la residencia donde estaba, pero por culpa de la pandemia del COVID, no teníamos permitido entrar ni salir de la habitación como quisiéramos. Teníamos que elegir entre quedarnos un ratito o varias horas y cada vez que entrábamos y salíamos teníamos que ponernos y quitarnos el equipo de protección individual obligatoriamente.

Mi padre y yo no siempre habíamos tenido la mejor relación. Él era un hombre de negocios que viajaba mucho mientras mi madre se quedaba en casa con sus tres hijos. Yo, en particular, tenía mucha energía y era difícil de manejar y sé que puse a prueba los límites de ambos. Pero un incidente, literal y figuradamente, fracturó el vínculo que tenía con él y se convirtió en un momento decisivo en mi vida. Al comienzo de este libro describí el accidente de esquí que tuve con diecisiete años. Fue tan físicamente devastador porque, cuando caí, mis botas no se separaron de los esquís. La razón por la que aquello ocurrió fue porque tenía las hebillas demasiado apretadas. Y la persona que me las había apretado había sido mi padre. Él era el encargado de todo nuestro equipamiento de esquí; yo no sabía cómo se ponía ni se colocaba nada. En la peor de las combinaciones posibles, yo tenía prisa para ir a las pistas, él estaba desbordado de trabajo y ninguno de los dos cambió su horario para que pudiera ajustarme las cintas, porque ¿qué era lo peor que podía pasar? En cuestión de segundos, ambos aprendimos la respuesta a esa pregunta. Mi caída en las pistas aquel día no fue particularmente mala, pero como mis esquís no se desprendieron, me partí la espalda.

Aquel momento desvió mi vida por otro camino muy diferente, una que difería de la definición de éxito de mi padre. Nunca me dijo específicamente qué hacer con mi vida, pero quería que tanto yo como mi hermano eligiésemos carreras provechosas. No obstante, su definición de provechosa distaba mucho de la mía y mi padre presupuso que yo también querría tener una vida profesional lucrativa. Aun así, durante ese tiempo vivía con dolor crónico por mi accidente; caminar y sentarme suponían todo un desafío. Ser un hombre de negocios de éxito y ganar dinero no me interesaba mucho. Yo solo estaba centrado en sanar y en darle sentido a mi vida. Recurrí cada vez más a la espiritualidad, ya que descubrí que las prácticas budistas me ayudaban a aliviar mi sufrimiento físico. Mi padre, un católico devoto, no lograba entender mis nuevas aspiraciones espirituales. Pese a que ninguno de los dos quiso esa separación, nuestros distintos puntos de vista abrieron una brecha entre nosotros.

Cuando al principio elegí trabajo social y enseñanza como profesiones y luego estudié teología y filosofía en el posgrado, la actitud predominante de mi padre era la de: «¿Cuándo vas a pasar esta fase y a empezar a ganarte el pan como Dios manda?». Apreciaba toda mi educación, pero seguía perplejo ya que, según él, no le estaba dando un uso más práctico. Después de hacerme psicoterapeuta, empezó a ser más tolerante, pero tampoco le hacía mucha gracia. Durante toda mi adultez, anhelé conectar con él de un modo más significativo, de un modo que lo hiciera verme y valorarme de verdad. Sé que él también lo quería, pero permanecimos como dos islas separadas e independientes, decepcionándonos y frustrándonos el uno al otro.

Entonces, mientras se moría, me pregunté si podríamos arreglar nuestras diferencias. Al igual que la experiencia de Karen con su marido Timothy, al fin pude tocar a mi padre. A él no le gustaba mucho el contacto físico, así que nunca fuimos físicamente cariñosos, pero ese día acerqué la cabeza a la suya y pude oler su cuero cabelludo, el mismo olor que recuerdo de cuando era pequeño y venía a casa y me tomaba en brazos. Recé a Dios, le pedí ángeles y guías espirituales. Hablé con él y me disculpé por ser una causa de su sufrimiento. Esperamos tres días y, al cuarto, supe que mi padre iba a morir. Mi hermano, que es médico, más tarde dijo que él también lo había sentido. Ambos reconocimos que todos, y principalmente mi madre, teníamos que estar presentes junto a su cama.

Llegados a un punto dejó de respirar durante cuarenta y cinco segundos y pensamos que se había muerto, pero entonces volvió a respirar con dificultad. Yo estaba sentado con mi madre, mi hermana y mi padre y de repente sentí presencias en la habitación. La luz era distinta. Mi cuerpo vibraba, todo se había ralentizado y me vi arrastrado hacia un lugar hipnotizante. Levanté la vista y vi a mi abuela, pero ella no me veía a mí. Me di cuenta de que había irrumpido en una escena que ya estaba teniendo lugar. Vi a mi abuela vestida con un atuendo tradicional irlandés a los pies de la cama de mi padre. Aunque no recuerdo haberla visto vestida así durante el tiempo que la conocí, aquella imagen tuvo sentido para mí porque ella había estado muy orgullosa de sus raíces católico-irlandesas. Mi tía Joan también estaba ahí. Pero entonces me llamó la atención un tipo a la derecha y me di cuenta de que era mi abuelo, por quien me habían puesto mi nombre, y a quien nunca conocí porque murió cuando mi padre tenía catorce años.

Lo único que pude pensar fue: «Dios mío, este hombre es una potencia energética». Su rostro era grande y brillante y tenía los ojos enormes. Iba vestido con un traje de corbata formal. Empezó a moverse hacia la cama. Lo vi acercarse a mi madre y decir: «No me conoces, pero yo a ti sí. Has querido muy bien a mi hijo». Y dije en voz alta: «Mamá, el abuelo Bill está justo sobre ti. ¿Lo sientes?». Y ella respondió: «¿Qué?». Volví a hablar: «El abuelo Bill te está dando las gracias por ser tan buena esposa para Bob». Ella empezó a llorar a gritos. Y mi hermana también. Y entonces, de repente, el abuelo Bill retrocedió tímidamente. Fue casi como si lo hubiesen regañado por haber hecho algo que no debía. Pregunté: «¿Qué acaba de pasar?», y mi abuelo y mi tía Joan desviaron su vista y atención arriba, pero no dijeron nada.

Yo también miré en la misma dirección que ellos y percibí una presencia dominante. De pronto me di cuenta: «¡Ay, Dios! ¡Eres el conductor!». Unas corrientes eléctricas me recorrieron de pies a cabeza y me hicieron llorar de asombro. Me percaté de que este conductor había sido el que le había pedido a mi abuelo que retrocediera. Le dijo que ahora no era el momento. Miré alrededor y reconocí a más familiares; sentí la presencia de los amigos de mi padre del colegio católico al que iban. Todos estábamos esperando a que esos espíritus reunidos se lo llevaran. Mientras contemplaba la escena, me percaté del canal de luz que se extendía desde mis abuelos hasta casi un cuarto de camino hacia mi padre. Compartí esto con mi madre y mi hermana y añadí: «No sé por qué no se lo están llevando». Entonces mi madre pronunció: «Porque yo no estoy dejándolo marchar». Le estaba agarrando la mano con fuerza y, entonces, con una voz cargada de emoción le dijo a mi padre: «¡Puedes marcharte! Ay, Bob, te quiero. Gracias por todo lo que me has dado. Vete ahora con tu padre».

Devolví la atención a la presencia del conductor en la habitación. La mejor descripción que tengo para ella es «poderosa». Reconocí claramente que esa fuerza era muy seria, no había venido a pasar el rato, sino que estaba haciendo su trabajo. Iba a llevar a mi padre a su hogar espiritual. Sentí su poder en la habitación. Intenté decir: «Te veo. Te aprecio. Gracias por hacer esto por mi padre con tanto cariño. Está listo». Tuve la sensación de que la fuerza estaba ultimando todos los preparativos. Había un vórtice o alguna especie de lugar cargado de energía que estaba preparando, y ese vórtice iba a arrastrar el alma de mi padre. Tuve la sensación de que todos los allí reunidos estaban diciendo: «Estamos aquí para darle la bienvenida. Nos han dado instrucciones. No sabemos cuándo, pero estamos esperando, estamos aquí».

La respiración de mi padre se volvió más dificultosa. Mi hermano llegó, y mi hermana se dio cuenta de que por eso mi padre estaba esperando; quería que su familia estuviese junta. Unos veinte minutos después, mi padre murió con mi madre, mi hermana, mi hermano y conmigo a su lado. Esperaba haber tenido una experiencia completa con él, estar junto a él, acompañarlo al otro lado y ver cómo le daban la bienvenida, pero mi propio vínculo con las fuerzas de aquella transición se había roto y ya no pude regresar.

Mi madre y mis hermanos se marcharon poco después de que falleciera. Yo sentí que necesitaba quedarme. No estoy seguro de por qué, pero estaba rebosante de emociones y no quería terminar la experiencia de su muerte tan pronto. Confiaba en saber cuándo sería el momento de marcharme, así que me senté a su lado en la cama y dejé que mi atención viajara a través de un gran abanico de sensaciones, emociones y pensamientos. Me sentí como un espectador mientras mi mundo interior procesaba todo lo que estaba viviendo después de que esa profunda relación se hubiera terminado. Al cabo de unos veinticinco minutos, oí con sorpresa que alguien llamaba a la puerta. Seis cuidadores de mi padre desde hacía tiempo preguntaron si podían entrar. Uno a uno, se acercaron a él y rodearon su cama. Lo besaron. Lo abrazaron. Fue una escena muy conmovedora. Me dijeron lo amable y encantador que era. Una mujer, que estaba embarazada, me confesó que incluso con su demencia solía ponerle la mano en el vientre y decir: «Bebé, bebé», y sonreía.

Cuando se marcharon, me quedé solo con el cuerpo de mi padre y tuve una yuxtaposición de sentimientos. Pensé: «Esta gente piensa que eres muy amable, cariñoso y encantador, y aun así yo no tuve nada de eso contigo. ¿Por qué no hemos podido tener una mejor relación?». Y mientras lo pensaba, fragmentos de nuestra vida juntos inundaron mi mente de golpe, escenas que no recordaba. Fue como si me estuviesen regalando todos esos momentos. Todas las escenas eran visualmente diferentes, pero en cuestión de energía, contenían un vínculo emocional o un momento emotivo con mi padre, con mi madre o con mis hermanos. En una, estábamos en la cima de una montaña, contemplando el lago Tahoe. Mi padre estaba orgulloso de mí; estaba estudiando el posgrado en la Universidad de Harvard. Lo recordé y me dije: «Madre mía. Sí que me quería en ese momento. Lo sentí». En aquellos últimos momentos con mi padre estaba viviendo una experiencia de amor y gratitud. Y durante esa experiencia me di cuenta de algo profundamente significativo: que lo había hecho lo mejor que había podido. Mi abuelo había muerto de repente de un infarto cuando mi padre tenía catorce años y mi padre nunca se recuperó de esa pérdida.

Tal vez esta reconciliación viniese de mi padre, o tal vez de otra fuerza de amor, pero fue como un repaso emocional de mi vida en el que ponía en perspectiva nuestra relación padre-hijo. Sentado en aquella habitación, estaba sanando, llorando y exteriorizando sentimientos. Estaba prácticamente berreando. Y pude ver cosas que antes no había apreciado. El hombre que acababa de morir ya no solo era mi padre, sino también un ser vivo. Y al ver su humanidad, sentí el miedo que él había sentido como padre, y sentí sus desafíos. Pero los vi de un modo distinto. No como un rechazo hacia mí, sino como miedo y desesperación, y una necesidad por conseguir el trabajo de su vida como hombre de negocios para cumplir lo que en su mente percibía como los requerimientos necesarios para demostrar que era digno hijo de su padre.

Tal vez no haya podido vivir la EMC que me habría gustado con él, pero sí que obtuve el mismo significado que de haberla experimentado. No sé si fue mi padre quien lo eligió por mí, o si fue obra de alguien más, incluso de mi abuelo. Tal vez quería que la relación entre mi padre y yo sanara porque sabía que su muerte prematura había afectado muchísimo a su hijo. Sé que sentí su profunda gratitud hacia mi madre, lo mucho que realmente quería agradecérselo. Mi madre conoció a mi padre veinte meses después de la muerte de su padre, cuando ella tenía quince y él, dieciséis. Fueron inseparables durante sesenta y cuatro años.

Fuera cual fuese la fuente principal, en aquella habitación me sobrecogió una poderosa sensación de sanación. Cuando pregunté: «Ayúdame a comprenderlo. ¿Cómo voy a entender nunca esta relación?», fue como si me hubieran regalado un repaso de mi vida. Un regalo para que comprendiese mi vida con mi padre.

¿Qué te trae por aquí?

La muerte es uno de los mayores misterios de la vida. Desafía la necesidad de nuestra mente racional por saber y su deseo por comprender. La muerte permanece oculta, siempre fuera de nuestra vista.

Aun así, espero que este viaje explorando y comprendiendo las experiencias de muerte compartidas haya podido brindarte un punto de vista más profundo con respecto al fin de la vida. Recuerda la elocuente descripción de Liz H. sobre el gran impacto que tuvo su EMC con su hijo Nicolas en su vida. «A partir de entonces he sentido que hay algo maravilloso y precioso después de esta vida. [...] Es la parte más bonita de lo que es, fue, o podría haber sido tu vida». Y añade: «Tengo la sensación de que, venga lo que venga, será un auténtico regalo».

Espero que estas historias de gente normal y corriente como tú y como yo brinden consuelo a aquellos que tengan miedo a morir e inspiración a los que quieran cruzar esta gran brecha con confianza y coraje. Mis experiencias y mi investigación académica sugieren que lo que nos aguarda al final de esta vida es maravilloso, glorioso y encantador, un recuerdo de que hay regalos en cada etapa de la vida, incluido su final. Deseo que te aproximes a esa gran puerta con confianza en la benevolencia de la vida en el más allá. También espero que este libro te ayude a labrarte tu propio camino y que encuentres nuevas formas de atravesar el duelo, nuevas oportunidades para sanar y un nuevo significado en las relaciones que entables. Pero, sobre todo, espero que estas historias te inspiren a abrazar por completo la maravillosa y fantástica aventura del ser humano viviendo cada momento con asombro y gratitud por el regalo de estar vivo.

Ojalá encuentres estos regalos en tu vida y en las vidas de tus seres queridos.

Apéndice I:

La «Shared Crossing Research Initiative»

A menudo me preguntan cómo estudio las experiencias de muerte compartidas. La respuesta es como se estudia cualquier fenómeno: reuniendo y analizando datos. Empecé la iniciativa Shared Crossing Research Initiative (SCRI) en 2013 como una colaboración sin ánimo de lucro con el Family Therapy Institute de Santa Bárbara. La misión de la SCRI es estudiar la gama completa de experiencias cercanas a la muerte y su valor terapéutico en pacientes, familiares y cuidadores. Para más información sobre la SCRI visita SharedCrossing.com/research.

La SCRI empieza con una definición común de lo que es una experiencia de muerte compartida: son experiencias que suceden cuando una persona siente que, de alguna forma, ha compartido la transición de una persona al borde de la muerte de esta vida a la que hay más allá. Como ya habrás descubierto, un tema central en las experiencias de muerte compartidas es el del viaje; las personas que las han vivido afirman sentir, ser testigos, acompañar o incluso guiar a los que están en el lecho de muerte hacia un destino que casi todos los relatos describen como precioso y benevolente.

Sir William Barrett fue el primero en reunir y clasificar informes de lo que ahora denominamos una EMC: en 1926, su libro *Visiones en el momento de la muerte* acercó a los lectores varias experiencias referidas por cuidadores y seres queridos en torno a la hora del fallecimiento del paciente. Por ejemplo, incluye las palabras de un hombre, un deán, que atestiguó que, estando su mujer y él junto al lecho de muerte de su hijo, ambos se dieron cuenta de que «de su cara se elevaba algo parecido a un velo o una neblina que se disipó lentamente... [...] Esto nos impresionó profundamente y dijimos: "¡Vaya maravilla! Sin duda será la marcha de su espíritu"». Más recientemente, el doctor Peter Fenwick y Elizabeth Fenwick reunieron historias de multitud de experiencias similares en Reino Unido y Europa del Norte. Pero no fue hasta 2011, con la publicación del libro del doctor Raymond Moody, *Destellos de eternidad*, que estas experiencias adquirieron el nombre de «experiencias de muerte compartidas». Antes de eso, a las EMC las juntaban con otro tipo de fenómenos y a menudo se referían a ellas como «visiones en el lecho de muerte».

Las EMC son las únicas que sugieren que la muerte puede ser realmente un suceso interpersonal que se puede compartir con los seres queridos de las formas más extraordinarias. Por supuesto, no todo el mundo vive una EMC cuando un ser querido fallece. Pero de los que sí la experimentan, sus informes muestran que hay varios rasgos consistentes dentro de las experiencias. La SCRI ha identificado estos rasgos analizando tanto las historias por escrito como las transcripciones de las entrevistas que hemos realizado. La SCRI confirmó dos de mis hipótesis de trabajo. La primera es que las EMC pueden ocurrir tanto junto al lecho de muerte como de forma remota; y la segunda es que hay cuatro formas distintas, y no exclusivas, en que la gente puede vivir una EMC: sintiendo el deceso de forma remota, siendo testigo de fenómenos inusuales atribuidos a la muerte, acompañando a la persona que va a fallecer o ayudándola a cruzar. Quizá lo más importante es que la SCRI descubrió que las EMC dejan una huella indeleble en la gente que las relata. Estas experiencias parecen influir enormemente en las creencias de la gente, ofreciendo un contexto sanador para los dolientes e incluso sirviendo de catalizador para seguir estando en contacto con sus seres queridos fallecidos.

Muchas de las entrevistas que ha realizado la SCRI destacan tanto las dificultades como el valor terapéutico de que la gente hable abiertamente de sus experiencias con profesionales de la salud. Hemos aprendido que, aunque las EMC pueden resultar muy significativas, a veces las personas necesitan ayuda para procesarlas. Esa desconexión nos ha llevado a querer saber qué cambios extraordinarios descubriríamos si la gente sintiese una total libertad para hablar de sus experiencias en un ambiente más alentador. Basándonos en las valoraciones de nuestro trabajo publicado en el *American Journal of Hospice and Palliative Medicine*, tenemos la esperanza de que la receptividad de las experiencias esté aumentando. Esa posibilidad es la que nos alienta a continuar con nuestra investigación y nuestro compromiso.

A continuación, he destacado algunos descubrimientos clave de la SCRI. Hay disponible más información en nuestra página web y nuestras publicaciones académicas.

DESCUBRIMIENTOS CLAVE

Sorprendentemente, la mayoría de las EMC que hemos estudiado —el 64 por ciento— las describieron personas que estaban físicamente lejos del paciente o del ser querido en cuestión. Otro descubrimiento importante ha sido que más del 41 por ciento de la gente a la que hemos entrevistado ha mencionado haber experimentado más de una EMC. Nuestra investigación confirma que hay cuatro formas distintas por las cuales se puede participar en una EMC. Nos referimos a ellas como «Modos de participación» y creemos que esta tipología resulta útil para entender la amplia gama de las EMC.

EMC: Modos de participación

SENTIR	ATESTIGUAR	ACOMPAÑAR	AYUDAR
La persona informa haber sentido la transición del difunto de forma remota	La persona informa haber sido testigo de fenómenos asociados con la transición del difunto	La persona informa haber acompañado al difunto durante su transición	La persona informa haber ayudado (y tal vez guiado) al difunto durante su transición

Sentir el fallecimiento de forma remota

Sentir el fallecimiento de forma remota ocurrió en casi el 21 por ciento de los casos. Muy a menudo la gente describe tener pensamientos breves, sensaciones y/o nota la presencia de la persona en el lecho de muerte, normalmente durante lo que luego se corresponde al momento de la defunción. Mucha gente también dice haber recibido mensajes de la persona fallecida con los que se despiden. En menos ocasiones existe un comienzo repentino de síntomas físicos inusuales como dolores de pecho, bajadas de temperatura y dificultad a la hora de respirar, un fenómeno que puede corresponder con lo que su ser querido experimentó cuando falleció. En algunos casos la persona viva conecta de inmediato con un ser querido que ha muerto; otros entablaron esa conexión solo tras haberse enterado de su defunción.

Ser testigo de fenómenos inusuales atribuidos a la muerte

Las EMC más comunes que se han relatado (el 88 por ciento de todos los entrevistados) consisten en la aparición de fenómenos inusuales. El suceso más recurrente es una visión de la persona que va a fallecer (que normalmente parece más joven), seguida de varias visiones menos nítidas: aparición de una luz brillante y trascendente, sensación de energías, alteraciones percibidas en el espacio-tiempo, aparición de entes y seres inhumanos, visión de lo que se cree que es el espíritu saliendo del cuerpo, aparición o presencia de otros seres queridos de la persona que va a fallecer, y visiones de planos sobrenaturales o celestiales. Es menos común que aparezcan túneles o puertas o que suceda un «repaso de la vida», en los cuales la gente afirma haber sido testigo de sucesos pasados en la vida de la persona que fallece.

Acompañar a la persona moribunda a un reino sobrenatural

En algo más del 15 por ciento de las EMC nuestros entrevistados dicen haber acompañado a sus seres queridos durante parte de su transición. Según estos casos, los participantes de repente se hallan fuera de su cuerpo o en una realidad totalmente distinta y en presencia de la persona que va a morir. La gente también relata que mientras viven esta experiencia adquieren un conocimiento especial que resulta inaccesible una vez que han vuelto. Un rasgo común en todos los casos de acompañamiento es que siempre existe un límite o frontera que no les permite o son incapaces de cruzar.

Ayudar a la persona moribunda a llevar a cabo la transición

Aproximadamente un 9 por ciento describe que ayudó activamente a un ser querido durante su transición. Estas experiencias son muy parecidas a las de acompañamiento, pero también incluyen a aquellos que percibieron que su atención, presencia y ayuda fueron requeridos por la persona moribunda para llevar a cabo la transición con éxito.

Relación de la hora de la EMC con la hora de la muerte

A pesar de que la mayoría de los relatos de las EMC que hemos analizado ocurren en torno a la misma hora de la muerte, más de un 6 por ciento suceden entre horas y días previos al deceso y un 14 por ciento, después. No hemos percibido diferencias sustanciales en rasgos o efectos relacionados según la hora de la EMC.

Rasgos más significativos de las EMC y su predominio

Visión de la persona que va a fallecer	50%
Conciencia aguzada/Conocimiento expandido	36%
Encuentros con figuras o seres inanimados	29%
Luz trascendente	25%
Visión del espíritu abandonando el cuerpo	18%
Aparición de reinos celestiales	12%
Límite imposible de cruzar	10%
Sensaciones físicas y emocionales	
Percepción de energía inusual	42,6%
Emoción abrumadora	28%
Sensaciones físicas	8%

CAMBIOS DE CREENCIAS, ACTITUDES Y COMPORTAMIENTO

El resultado de una EMC produce una cantidad de cambios cuantificables en las personas que hemos analizado. La más notable es que casi un 87 por ciento de los entrevistados informan de que su experiencia les ha convencido totalmente de que hay un más allá benevolente. Más de un 69 por ciento de los entrevistados dicen que su EMC redujo o incluso cesó su duelo y más de un 52 por ciento, que ya no tenían miedo a la muerte o a morir. En cuanto al impacto religioso o espiritual, más de la mitad de los entrevistados se identifica como «espiritual, no religioso», pero un 36 por ciento dice que su EMC los ha llevado a ser «más espirituales».

También hemos encontrado a varias personas que vivieron experiencias negativas relacionadas con su EMC. Cinco personas experimentaron síntomas físicos sin explicación y al principio se asustaron. Sin embargo, la mayoría de las experiencias negativas relatadas fueron ocasiones en las que la gente había contado sus historias a otras personas y estas las habían desechado o ridiculizado. Casi un 30 por ciento de esos entrevistados dijo que querían hablar de sus experiencias, pero temían el ridículo social o el rechazo. Un punto culminante en las entrevistas de nuestra investigación fue que prácticamente todos expresaron gratitud por la oportunidad de compartir dicha experiencia.

Por último, más de un 24 por ciento de la gente que dice haber vivido una EMC también asegura mantener o haber mantenido una relación regular con sus seres queridos fallecidos.

CONCLUSIÓN

Mientras reunimos más casos, seguimos tomando nota de los efectos transformadores de las EMC, siendo el más predominante la convicción de que la experiencia fue objetivamente real y que les reveló información especial: los seres queridos fallecidos están, en palabras de una persona, «vivos y bien en algún lugar». Creemos que un mayor reconocimiento de estas experiencias tiene el potencial significativo de desarrollar nuevas aproximaciones sobre el cuidado de pacientes terminales y sus seres queridos.

Si has vivido una experiencia de muerte compartida y quieres contribuir a nuestra investigación, por favor accede a SharedCrossing.com. Gracias por unirte a nosotros y expandir el conocimiento y la sanación de las experiencias de muerte compartidas por todo el mundo.

Apéndice II:

El «Shared Crossing Project»

Creé el Shared Crossing Project (SCP) para concienciar y educar sobre las experiencias profundas y sanadoras disponibles tanto para las personas a punto de fallecer como para sus seres queridos. El SCP ofrece una diversidad de programas, material de formación y presentaciones para el público general, los trabajadores del ámbito de la sanidad, los profesionales de la salud mental y las matronas de muerte.

El Shared Crossing Practitioner Certification Program es un curso completo centrado en integrar el conocimiento y la aplicación de las muertes compartidas en un amplio abanico de emplazamientos clínicos donde suele haber decesos.

El SCP también ofrece consultas y formación personalizada para organizaciones especializadas en duelo u otras comunitarias. Para más información, visita SharedCrossing.org.

El SCP recoge y estudia las experiencias de muerte compartidas, así que, si has vivido alguna situación extraordinaria relacionada con la muerte, por favor, visita SharedCrossing.com para saber cómo puedes contribuir a nuestra investigación con tu historia.

Agradecimientos

Gracias a Olivia y a Lauren por apoyar constantemente mi trabajo sobre las experiencias de muerte compartidas. Olivia a menudo decía que le resultaba «raro» tener que explicarles a sus amigas que su padre investigaba la muerte y el más allá. Aun así, ella y Lauren me han animado y han soportado las tantísimas horas que he necesitado para poner en marcha tanto el Shared Crossing Project como este libro. Agradezco su amor incondicional.

Agradezco especialmente a mi equipo de profesionales literarios, que me han ayudado a dar vida a este libro: Lyric Winik, por su talento para transformar mis ideas en palabras elocuentes; Gail Ross, mi agente, por sus sabios consejos a cada paso del camino; y Jon Tandler, por sus sabios y amables consejos legales.

Gracias a mi excelente equipo en Simon & Schuster: mi editora, Priscilla Painton, la vicepresidenta y directora editorial de Simon & Schuster, por su visión, orientación y confianza en nuestra capacidad para escribir un libro transformador y significativo en un mundo necesitado de buenas noticias sobre la muerte; a mi editor Jonathan Karp por su apoyo fundamental; a Hana Park por su excelente ayuda, que me ha resultado muy útil; a Sherry Wasserman de producción; a Jackie Seow por el precioso diseño de la cubierta que captura realmente la esencia de este libro; y a Stephen Bedford y Elizabeth Herman por su dedicación para conseguir el mejor producto final.

Gracias a Michael Kinsella, nuestro jefe de investigación, por su compromiso con la misión del Shared Crossing Project de dar a conocer la transformación que las experiencias de muerte compartidas ofrecen a los que buscan una mejor relación con la muerte. Sus excelentes habilidades de investigación nos han ayudado a analizar cientos de historias que ahora sirven como trabajos seminales para el estudio de las experiencias de muerte compartidas. Muchos de estos casos inspiradores aparecen en este libro. Nuestra amistad y colaboración como investigadores pioneros de la majestuosidad que son las experiencias de muerte compartidas han sido una fuente de alegría y entusiasmo para mí.

A Monica Williams, nuestra directora médica, por su valentía y amor por la humanidad, que la incentivó a desafiar la relación de nuestro sistema sanitario con la muerte. Sus experiencias personales y profesionales en el servicio de emergencias nos han proporcionado una perspectiva valiosa sobre cómo nuestro trabajo puede transformar positivamente los cuidados a pacientes terminales. Agradezco su colaboración para compartir este trabajo con los profesionales sanitarios de todo el mundo.

Agradezco enormemente a todos los que han participado en nuestra investigación y han tenido la valentía de compartir sus historias, a menudo incluso por primera vez. Sus experiencias, nacidas de la dolorosa pérdida de un ser muy querido, aclaran las preguntas y la magnitud de las experiencias de muerte compartidas.

A mis compañeros del Family Therapy Institute de Santa Bárbara (FTI), por sus ánimos para dedicarme al terreno inexplorado de las dimensiones espirituales de la muerte. Agradezco especialmente a Debra Manchester, directora ejecutiva, y a Don MacMannis, director clínico, su apoyo constante a las muchas facetas del Shared Crossing Project, en especial su iniciativa de investigación y sus programas educativos. Gracias a Deborah Harkin y Michael Dunn por su trabajo en la comisión revisora del FTI (FTI Ethics Review Board), que orientó nuestra investigación. Gracias a Nancy Villalobos, administradora del FTI, por su atención constante a mis muchas peticiones.

Un millón de gracias a mi socia Thery Jenkins, que ayudó a crear y organizar los primeros talleres del proyecto, los Shared Crossing Project Workshops. Su entusiasmo, asesoramiento impecable para los grupos y percepción entusiasta en cuanto a la importancia de estos programas me ha inspirado y juntos estamos llevando a cabo nuestra primera investigación para estudiar el impacto de las experiencias de muerte compartidas en quienes las viven.

Este libro no se habría conseguido sin mi querida comunidad, la Shared Crossing Community, que empezó como un grupo comprometido de personas en Santa Bárbara que compartía mi visión de explorar el gran misterio de la muerte y evolucionó en un movimiento dedicado a manifestar las experiencias conscientes, conectadas y afectuosas con pacientes a punto de morir. Maribeth Goodman y Steve Knaub fueron los fundadores de nuestra comunidad, que se ofrecieron amablemente a crearla mientras redactábamos el manifiesto del proyecto, el Shared Crossing Project Mission Statement, y su página web. Poco después se les unieron Tom Craveiro y Liz Hogan, y los cuatro dedicaron incontables horas de forma voluntaria a coordinar nuestros primeros eventos comunitarios para concienciar a la población sobre las experiencias de muerte compartidas. Roger Himovitz, Arlene Stepputat, Judi Weisbart, Kate Carter, Barbara Bartolome, Leslee Goodman, Norman Risch, Sonja Linstrom, Victoria Harvey, Antoinette Chartier, Marianne Woodsome, Arlene Radasky, Barbara Wolfe, Claudia Crawford, Mimi deGruy, la hermana Helen Wolkerstorfer, Toby Sternlieb, Nancy Shobe, Allison Armour, Barbara Morse, Nohl Martin, Nancy Shobe, Sonya Fairbanks y Marsha Goldman, al igual que otros, dieron el paso de ofrecer su valioso apoyo mientras el movimiento crecía. Cada uno de ellos compartió sus habilidades valiosas y únicas, incluyendo la planificación y producción de eventos, la recaudación de fondos, la modificación de documentos, el soporte técnico para los vídeos promocionales, su ayuda para investigar y su participación en la comunidad, aparte de más cosas. Agradezco especialmente a Jennifer Parks y la funeraria McDermott-Crockett por el uso de su santuario en muchos de nuestros programas y al hospital de cuidados paliativos de Santa Bárbara, Hospice of Santa Barbara, y a la organización VNA Health por aceptar el punto de vista del Shared Crossing Project.

Estaré eternamente agradecido a Nancy Koppelman, que antes de su muerte prematura abogó por nuestro trabajo y trajo a multitud de gente maravillosa a nuestros programas y a nuestra comunidad. Nancy celebró amablemente los eventos del Shared Crossing Project en su encantadora casa costera e invitó de forma desinteresada a su diverso grupo de amigos para asistir y participar en nuestras reuniones.

Ahora que echo la vista atrás, estas organizaciones y personas excepcionales con tantas cosas en común comparten una visión que ha conseguido manifestar lo que ahora se conoce como el Shared Crossing Project. Su apoyo, consejos y amistad continúan sirviendo como recordatorio constante de que nuestra misión, la Shared Crossing Project Mission, es esencial para transformar la relación de nuestra cultura con la muerte. Su compromiso con nuestra misión también ha ayudado a preparar este libro.

Este libro, su investigación y todo lo que el Shared Crossing Project ha desarrollado no habría sido posible sin el esfuerzo y dedicación del personal del SCP. Gracias a Noel Christensen y Michelle Johnston, nuestros investigadores, que han trabajado de forma incansable analizando cientos de entrevistas; muchas gracias a nuestros tres supervisores de investigación en el SCP y la SCRI, Kattie Bachar, Laurel Huston y Kelly Rose Almeida, que han apoyado y trabajado de forma excelente en el proceso de este libro. Además, quiero agradecer enormemente a Amanda Lake, Sierra Boatwright, Linx Latham, Jessica Pepper y Sarita Relis, supervisoras del SCP que han sentado las bases que nos han conducido a este libro. Agradezco especialmente a Robert Fortune por su maravillosa asistencia técnica, a Joy Margolis por las consultas esclarecedoras y a Kim Sutherland por su habilidosa teneduría de libros. Gracias a Maribeth Goodman, Katie Karas y Noel Christensen por analizar los manuscritos con sensibilidad.

Gracias de todo corazón a Raymond Moody, Lisa Smartt, Maggie Callanan, Eben Alexander y Karen Newell, que me ofrecieron su apoyo, consejos y amistad imprescindibles durante la creación de este libro.

Agradezco a Jan Holden, Pim van Lommel, Bruce Greyson y Peter Fenwick por sus sabios consejos, sus reseñas consideradas y sus ánimos en cuanto al trabajo investigativo de la Shared Crossing Research Initiative, que nos proporcionó los descubrimientos que aparecen en este libro.

Muchas gracias a Marge Cafarelli, con quien mantengo una larga y profunda amistad, por sus sabios consejos en cuanto al crecimiento y desarrollo del SCP. Gracias a mi viejo amigo Jeremiah Marshman, con el cual he mantenido muchísimas conversaciones esclarecedoras que me han ayudado a escribir este libro. Y gracias a mi amigo Ken Saxon, cuyo programa, Courage to Lead, me ayudó a permanecer concentrado en la Shared Crossing Project Mission.

A Robert Hall, Al Miller y Leo Rock, que sirvieron como sabios mentores y amigos de confianza antes de que abandonaran sus vidas humanas. Continúan inspirándome y a menudo me acuerdo de ellos mientras sigo llevando a cabo nuestra misión.

LOS SOCIOS Y DEFENSORES DE LA SHARED CROSSING RESEARCH INITIATIVE

Nuestra pionera Shared Crossing Research Initiative, que reveló estas profundas historias, es posible gracias al apoyo generoso de nuestros socios caritativos, sabios y progresistas, que entendieron y acogieron nuestra misión de divulgar estas poderosas historias por el mundo. Me han ayudado y creído que estas historias mejorarían los cuidados a los pacientes terminales y sus seres queridos, así como los sistemas sanitarios que los proporcionan. ¡Gracias!

Agradezco enormemente a Jennifer y Peter Buffet, a la fundación James S. Bower Foundation, a Jon Clark y Harvey Bottelsen.

Agradezco especialmente a Carrie Cooper y Rhino Griffith, Natalie Fleet-Orfalea y Lou Buglioli, Linda y Fred Gluck, Deborah Gunther, Patricia Selbert, Richelle y Omar Gaspar, y Melbourne Smith.

Gracias también a Arlene y el doctor William Radasky, a Sandra Tyler, Stacy y Ron Pulice, a Marge Cafarelli y Jan Hill, a Jill y Barry Kitnick, y a Katie Karas y Sharon Felder.

Y, por último, gracias a ti, lector, por tu tiempo e interés. Espero de corazón que este libro te sirva de ayuda en cualquier momento de tu vida.